極上の死生観

60歳からの「生きるヒント」

齋藤 孝 Saito Takashi

NHK出版新書
626

はじめに

人は誰でも、どこかで必ず死を意識しているものです。

それにもかかわらず死の確実性を否定して、いつ死が訪れてもおかしくない事実を覆い隠して逃避している面があります。

年齢を重ねていけば、死がより身近なものになっていくのが当たり前でありながら、「まだ先のことだ」とできるだけ意識しないようにしがちです。

自分もそうかもしれないと思った人は多いのではないでしょうか。

人間としてそれは「非本来的な生き方」だと指摘しているのが、『存在と時間』で知られ、20世紀最大の哲学者ともいわれるマルティン・ハイデガーです。

いつか死ぬということを自覚的に受け入れるのが本来であり、ハイデガーはそれを

「先駆」（先駆的覚悟性）と呼びます。この覚悟をもつことで、死に対して自由なスタンスを取りながら自分と向き合えるようになるというのです。

難解に感じた人もいるかもしれません。しかし、こうした考え方は日本人にとっては馴染みやすいものだともいえます。

「武士道といふは、死ぬ事と見付けたり」で知られる『葉隠《はがくれ》』は、死の哲学、死の美学が説かれているのではないかと考えられがちです。しかし、じつはそうではありません。この書物で説かれているのは〝生の哲学〟です。

死を意識しておくことによって生きる力が得られる。

常に死を覚悟していれば腹も据わって前に進むことができる。

死を選択可能な行為と認識できていれば束縛がなくなり、自由でいられる。

『葉隠』からはそういう生き方を学ぶことができるのです。

それはいわば、実存主義的な生き方ともいえます。

実存主義とは、実存（＝「ある」、「いる」という事実）は本質に先立つ。本質は生きているなかで個人がつくりあげていけばいい、とする考え方です。

いつ死ぬかを考える必要はないという姿勢でいるのは、強さではなく弱さです。日本人は昔から、しっかりと死を見つめる生き方ができていた。そのことは決して忘れないようにしておくべきです。

私はまもなく60歳になります。

60歳といえば、干支《えと》（十干十二支《じっかんじゅうにし》）がひと回りする「還暦」です。この年齢になれば、それなりに死を意識するようになるのが自然です。**どのように死を捉えて、自分はどう死を迎えればいいかという心構えをもっておくべき年齢**といえます。

「いかに死ねばいいか」は学校の教科になっているわけではありません。しかし、ヒントを与えてくれる哲学や宗教はあり、先人たちがいます。

賢者と呼ばれる人たちが死に関してどのような言葉を残して、どのように死んでいったのか――。

それを学ぶことで、私たちは「死生観」を培うことができます。

死生観とは、生と死に対する個人の考え方であり、生の意味を問い続けて死の不安に

打ち克つことです。日常的な判断基準や行動基準なども、どんな死生観をもっているかによって変わってきます。

死生観を培うために必要なのが、**「吟味」**、**「工夫」**、**「鍛錬」**です。

江戸時代の剣豪、宮本武蔵が著した兵法書である『五輪書《ごりんのしょ》』には、「よくよく吟味すべし」、「よくよく工夫すべし」、「よくよく鍛錬すべし」といった言葉がしばしば登場します。自分が置かれている状況において、生を有意義なものにするにはどうすればいいかを考えるのが吟味です。そのためにいろいろ考えて、よい方法を生み出すことが工夫。吟味、工夫を反復しながら強化に努めるのが鍛錬です。

「あのときあの人はこうして危機を脱したのだから、自分にもできるはずだ」、「あのとき自分はこうして危機を脱したのだから、次もできるはずだ」というように吟味、工夫、鍛錬を続けて、自分の技にしていきます。

この「技化《ワザ》」ができれば、死におじけづくことがなくなり、生を有意義なものにしていけます。

いちどゼロ地点に戻ることになる**還暦は、折り返し地点ではなく、ひとまずのゴール**という見方もできます。そこまできているのであれば、死生観をもつこともなく、死の影を覆い隠して逃避しているのは、恥ずべきことだともいえます。

人生の価値を小さくしてしまわないためにも、あらためて死と向き合ってもいいのではないでしょうか。

今回の本をその一助にしていただければ幸いです。

極上の死生観——60歳からの「生きるヒント」　目次

第5章 人はいかに生きて、いかに死ぬべきか——私の死生観

編集協力　内池久貴
校閲　玄冬書林
DTP　早乙女貴昭

第1章

自分で人生を作り出すということ

いかに死に備えればいいか

死ぬのが怖いという感覚は誰にでもあるはずです。

とくに年齢を重ねれば重ねるほど、それだけ死は身近な問題になってくるので、死をイメージする時間がおのずと増えていきます。だからといって恐怖に立ちすくんでいたくはありません。

自分なりの「死生観」をもつことによって、死をただ恐れるのではなく、受け入れられるようになります。だとすれば、そういう境地に行き着くためには何をやるべきかと考える必要があります。

死生観を培う。あるいは死生観を鍛える。

古今東西を問わず先人たちは、やり方を変えながらこの作業を続けてきました。

強大な権力をもっていた古代エジプトの王たちは、「死んだあとにはどうなるんだろう」、「なんとかして自分が生きた痕跡を残せないだろうか」と頭を悩ませました。ピラミッドは、太陽エネルギーを取り入れて死者を復活させる「再生の場」として建設していたのではないかという説もあるほどです。

〝自分にはまだ訪れていない死をどのように意識して、いかに死に備えればいいのか〟

これは、人間が文化をもって以来、長い時間をかけて問われてきたことです。

人間以外の動物も、死を意識して恐れることはあるはずです。ただしそれは危機的状況に追い込まれたときなどに限られます。「自分はあと何年生きられるのだろう」と日常的に死を思い描くことはないでしょう。

ところが人間はそうではありません。危機的状況が迫っている場合に限らず、死を意識して、「いつか死ぬときがくる。そのとき自分はどうなるのか……」、「記憶も消えて、いっさいが無に帰するのだろうか？」などと考えます。

そうした不安をいかに克服すればいいのでしょうか。

そのために人間が生み出したもののひとつが「来世」です。**来世というものがあるなら、現在の生が失われても次があると安心できる**からです。来世の〝発明〟こそは、人類の不安を小さくしたという意味で非常に大きなことでした。

いい人生を送れていると思っている人は、来世も同じように生きていきたいと楽しみにできるし、人生がつらいと思っている人は、来世ではこんなことにはならないはずだと望みをかけられます。死の不安をやわらげるために、来世という考えは有効に作用しているのです。

いつか訪れるだろう死を〝妄想〟に近いものだと考えることも可能です。言い方を変えれば、「死は存在しない」という理解もできるということです。

生が終わると同時に死が訪れるとされているものの、死を経験した人間はいません。死後の世界へ行って戻ってきた人はいないので、生が終わったあとに何があるかは誰にもわからない。

「いちど死んで帰ってきた」と口にする人もいないわけではありません。しかし、その人が本当に死を経験したことを証明できない以上、その言葉は幻想もしくは妄想とみなされます。

経験できないものの影に怯えて不安になっているとすれば、幻想に支配されているのと同じです。そんな呪縛からは解き放たれておくべきです。

死が幻想であるなら、死と同じように実際には経験することのできない来世も幻想です。だとすれば、幻想対幻想です。来世を想定することは、〝毒をもって毒を制す〟にも近い考え方だともいえるのです。つまり**来世とは、死の恐怖を克服するための装置**だと認識することもできるのです。装置のスイッチを入れるか入れないかは自分次第です。

死だけが現実で、来世は幻想だと決めつける必要はなく、自分なりの考え方をすればいいのです。

死の不安を打ち消すために人間は宗教をつくってきたのだともいえます。

一方で、哲学を通しては、人間が存在する意味を問い質《ただ》してきました。

そんな宗教や哲学からは、自分なりの死生観をつくっていくためのさまざまなヒントを得られます。今回の本は、そのための道案内的な意味をもたせたつもりです。

孔子の教えと「ｉｎｇ」の力

たとえば孔子は、『論語』の中で、現代人が死生観を練っていくうえでのヒントを多く示してくれています。

次の一節などはとくに有名です。

敢《あ》えて死を問う。曰《い》わく、
「未《い》まだ生を知らず。焉《いずく》んぞ死を知らん」

〈先進第十一〉

問いかけたのは、孔子の10人の高弟を意味する「孔門十哲」のひとり、季路《きろ》（子路《しろ》）です。季路の問いに対するこの孔子の回答は、死の本質を捉えたものだといえます。

生きているのがどういうことかもまだわかっていないのに、どうして死がどんなものなのかわかるはずがあろうか。死が存在するかどうかもわからないではないか――ということです。

意外かもしれませんが、じつは孔子は死後の世界については積極的に論じようとしませんでした。孔子の思想に基づく儒教が、宗教ではなく道徳だといわれる所以《ゆえん》です。

もちろん、孔子も人の死を悲しみます。

孔子が自らの後継者と期待した最愛の弟子、顔淵《がんえん》が死んだ場面はこうあります。

顔淵死す。子曰《しい》わく、

「噫《ああ》。天、予《わ》れを喪《ほろぼ》せり。天、予れを喪せり」

顔淵死す。子、之《こ》れを哭《こく》して慟《どう》す。

従《したご》う者曰わく、

「子慟す」

曰わく、

「慟する有《あ》る乎《か》。夫《か》の人の為《た》めに慟するに非《あら》ずして誰《た》が為めにせん」

〈先進第十一〉

顔淵が死んだときに孔子は「天は私をほろぼした！」と声を上げて慟哭したというのです。ふだんは冷静な孔子が身をふるわせて泣き出したので、「先生が慟哭された！」と弟子が驚くと、「そうか、私は慟哭していたのか」と返しています。自分が泣いているのに気づいていなかったほど動揺していたということです。このエピソードからも、孔子が死に対してクールだったわけではないのがわかります。
『論語』の中でも注目したいのは次の言葉です。

子曰わく、
「朝《あした》に道を聞かば、夕《ゆうべ》に死すとも可《か》なり」
〈里仁第四〉

朝に「正しく生きる道」を聞けたなら、その日の晩に死んでもかまわない、ということです。この言葉からは孔子は死を恐れているわけではなく、正しい道を知ることを何より優先していたのがわかります。

孔子に限らず、近い思いを抱いている人たちは過去にも現在にもいるはずです。ゴールに設定されるのは、道を知ることには限りません。**何かしらの目指すところがあり、それがかなえられたなら死んでもいいという熱意をもてたならいいのです。**たとえ達成できなかったとしても、常に到達を目指して進んでいく姿勢をもつことが大切です。

宗教の「宗」には、究極的な本質という意味があります。「ｉｎｇ（現在進行形）」で本質を求め続けていた場合にも、道半ばで死が訪れることもあります。むしろそれが普通です。しかし、目的をかなえる気持ちが強ければ、死を迎えることを不安に感じなくなります。前に進み続ける推進力には、それくらい大きな意味があるのです。

人として生きる究極の道を見つけようとしている孔子の場合は、とくに答えといえるものが見つけにくかったはずです。最終到達地点といえるものはなく、**永遠に探し続けることを前提にしたｉｎｇ**だったともいえるからです。

万人が目指せる「途上の死」

浮世絵師として世界にその名を知られている葛飾北斎にも似た面がありました。

飯島虚心の『葛飾北斎伝』は、高齢になっても絵の上達を望み続けていた北斎の姿をこのように描いています。

翁死に臨み、大息し天我をして十年の命を長ふせしめハといひ、暫くして更に謂《いい》て

曰く、天我をして五年の命を保たしめハ、真正の画工となるを得へしと、言吃りて
死す

北斎は数えで90歳の時に亡くなったとされますが、その死の直前になってなお「**あと5年生きていられたなら、真の絵描きになれる**」という言葉を残していたというのです。

北斎が描いた『冨嶽三十六景 神奈川沖浪裏《かながわおきなみうら》』は、レオナルド・ダ・ヴィンチの『モナ・リザ』に次いで世界で二番目に有名な絵といわれることもありますが、それほどの絵を残している北斎が、最後の最後までさらなる高みを目指そうとしていたわけです。

北斎ほどのレベルの話ではなくても、あと5年あればもっと上の境地に達することができるのに……と思いながら息を引き取ることがあるとしたら、それは、すばらしい〝**途上の死**〟です。

ニーチェは人間的な矮小な枠組みにとらわれず、自己を乗り越えていく「超人（ユーバーメンシュ）」という概念を提唱しました。途上の死こそは、まさに超人の死といえるでしょう。

頂点に近いところまで行けている人たちほどさらに高い場所が見え、そこへの到達を望むものなのかもしれません。たとえばイチローさんや羽生善治さんのように、誰も達することができなかったレベルに行き着いている天才的な人たちが、さらなる高みを目指そうとするケースもあります。

しかし、そういう天才ではなくても、**自分なりに精一杯上を目指して、「あと5年あれば……」と思いを馳せながら息を引き取るのも理想の死に方**のひとつだと思います。

ブッダのように、すべての欲望を捨て、万人に対して慈愛の念をもつことで悟りを開こうとしても、普通は難しいです。

しかし、真理を求めるといったことではなく、何かしらの技術的向上を目指している場合などは、とくべつ高潔な人格が求められるわけではありません。自分の好きなことや仕事で、自分なりに到達できる境地を目指すのなら、誰にでもできるのです。

昔ながらの職人気質《かたぎ》の頑固者が、頼まれていた仕事の完成間近で命が絶たれてしまう場合を想像してください。プロとまではいえずとも、趣味で絵を描いている人や小説を書いている人が、もっといいものができそうだと感じているなかで死を迎えてしまうこともあるはずです。それらは十分幸せな「途上の死」だといえるのではないでしょうか。**普通では到達できないほどの高みを、必ずしも目指す必要はありません。**自分なりの向上を求め、その途上で死を迎えることができたならそれでいいのではないかと私は思います。

北斎の辞世の句は次のものです。

飛《ひ》と魂《だま》で行くきさんじや夏の原（人魂《ひとだま》でゆく気散じや夏野原）

死んだあとには人魂になり、夏の原っぱにでも気晴らしに行こうか——というのですから、死を恐れている様子はまったくありません。死んだあとに人魂になるということをどこまで信じていたかはともかく、死を達観できていたのがわかります。

こうした境地に達するのが理想といえる気がします。

極限的な状況における「生きる気力」

ヴィクトール・E・フランクルが書いた**『夜と霧』は、生と死の意味を知るうえで非常に重要な一冊**です。第二次世界大戦中にナチス・ドイツが行なった民族絶滅政策（ホロコースト）は、人類史上、比類ない残虐な行為でした。この本は、その最大級の犠牲者を生み出したアウシュヴィッツ収容所におかれながら、なんとか生き延びることができた精神医学者フランクルによる記録です。

アウシュヴィッツに送り込まれてくるユダヤ人たちは、立札を見て悲鳴をあげたように、そこがどういう場所であるかをすでに知っていました。そのうえで収容所に入れられるとすぐに、予想を超えるほどひどい場所だと知らされることになります。

到着後まず、彼らはひとりの将校の指先の動きだけで生と死を分けられてしまうことになります。労働できる人間と判断されれば人差し指がわずかに左へ。労働不適格者か病人は右へ。左側に送られた場合は過酷な労働が待っていて、右側に送られた場合は即座にガス室に連れていかれてしまうのです。

これほど簡単に生死が決められることは人類の歴史を振り返ってもそれほどなかったはずです。敵国の者同士が戦争の中で殺し合うのとは違います。それまでドイツ人とユダヤ人は一緒に生活をしていたにもかかわらず、突如、支配関係がつくりだされ、狩りだす側と狩りだされる側に分けられたのです。

ガス室に送り込まれず、労働側に選ばれたとしても、最終的には死に至る場合がほとんどでした。それほど極限的な状況が、20世紀の半ばにつくりだされていたのです。

人間の知性、文明があまり発達していなかったいにしえの時代であれば、生贄のようなかたちで人間の命を犠牲にしてしまうこともあったでしょう。しかし人類の進歩とともに、簡単に人の命を奪うことなどできなくなるはずです。

ところがホロコーストは、文明化が進んだ20世紀において、最も知力にすぐれている民族だと自負しているドイツ人によって行なわれました。ひとつの民族を滅ぼそうという凶悪な意志が働いていた事実がそこにあります。

フランクルは収容所での暮らしの中で、**生きるか死ぬかは、「自分の未来を信じられるかどうか」で左右される**と気がつきました。

アウシュヴィッツでひどい目に遭っていた人たちは、「クリスマスに解放されるのではないか」、「新年には家に帰れるはずだ」というかすかな希望を支えにしていました。しかし、それが自分たちの願望にすぎず、解放されることなどはないとわかったクリスマス後と新年に、多くの死者が出てしまったのです。明日への希望をなくせば、精神的な拠りどころを失い、生きていく力が奪われてしまうということです。

外的環境に変化はなくても、生きる気力をなくしたときには、肉体も抵抗力を保つことができなくなり、結果的に死んでしまう事実が示されたのです。

逆にいえば、**意志の力によって、逆境にめげず、生きていけることもある**のだということです。

人生の意味を問うのではなく、我々が人生から問われている

1996年に世界ではじめて哺乳類の体細胞クローンとして羊のドリーが誕生しました。遺伝子研究の第一人者である分子生物学者の村上和雄さんは、私との対談の中でこの結果について次のように話されていました。

「遺伝子をコピーするには、すべての遺伝子のスイッチがオンになっている必要があります。実験は最初からうまくいっていたわけではなく、電気刺激を与えるようなことを

していたうちはダメだったのです。しかしあるとき、羊を飢餓状態にすると、それまで眠っていた遺伝子のスイッチがすべてオンとなり、コピーできたのです」

危機的状況に追い込まれたときに生存本能や種の保存本能のようなものが働くメカニズムがあるということです。フランクルのアウシュヴィッツでの体験とも共通点を見出せます。

フランクルにとっての希望は、妻の存在でした。収容所で離れ離れになっていながら、「いつか会える」と信じ、妻の面影を思い浮かべることを生きる力に変えていました。残念なことに、実際には別の収容所で亡くなっていたのですが、フランクルはそれを知らなかった。そのため希望をつないで、生き残ることができたのです。

このような生と死の極限状況にあって、『夜と霧』では宗教的考察はほとんどなされていません。フランクルは宗教の教義を頼りに危機を乗り越えたのではなく、自分の中で、ある種の哲学をつくりあげていくことにより絶望の淵から帰還したのです。

「ここで必要なのは生命の意味についての問いの観点変更なのである」

フランクルはこう言い、続けます。

われわれが人生の意味を問うのではなくて、われわれ自身が問われたものとして体験されるのである。人生はわれわれに毎日毎時問いを提出し、われわれはその問いに、詮索や口先ではなくて、正しい行為によって応答しなければならないのである。人生というのは結局、人生の意味の問題に正しく答えること、人生が各人に課する使命を果すこと、日々の務めを行うことに対する責任を担うことに他ならないのである。

（霜山徳爾訳）

人生を考えるうえで、非常に重要な啓示です。**我々が人生の意味を問うのではなく、我々が問われている。**そうであるから懸命に答えを出していかなければならず、その使命を果たすのが人生だということです。

この考えは〝生きる力〟につながります。実際にフランクルは、こうした自分の考えを話すことによって自殺を考えていた仲間を踏みとどまらせていました。

人生に期待するのではなく、人生の期待に応える必要がある——。

未来を信じることがいかに大切であるかを教えてくれているからこそ、『夜と霧』はいつまでも読み継がれていくべき作品になったのです。

フランクルは、収容所に入れられる以前から、人生の意味を見出すことに重きをおく「実存分析(ロゴセラピー)」を唱えていました。自ら極限の体験をしたことでその正当性が立証されて、その後の精神医学に大きな影響を与えることにもなっています。

「こんなはずではなかった」と考える人間と考えない人間

ロンドン五輪のボクシング金メダリストであり、プロ転向後にはWBA世界ミドル級チャンピオンになった村田諒《りょう》太《た》選手は、愛読書の一冊として『夜と霧』を挙げています。『日刊スポーツ』(2017年5月19日)のインタビューではこう答えていました。

「『自分の人生に意味を問うのではなく、人生から与えられた課題にどう応えていくのか』ということが書かれている。つまり今できること、自分のできることに集中しろ、ということを言っていると解釈してます。世界戦への重圧も、他者との関係性の中でできる重圧ですよね。『五輪金メダリストだから勝たないと』とか。自分のできることは少ないし、そこまで責任を負う必要はない。心を楽にしてくれますね」

村田選手は何度となく『夜と霧』を読み返しているそうです。村田選手の場合、ボクシングという極限的な状況に自分を追い込んでいく過酷な競技をやっているからこそ、フランクルの得た知見に共感をいだきやすかったのだとも考えられます。

〝人生は自分に何を与えてくれるのか?〟と期待していると、人は受け身になりがちです。「生きていても全然楽しくない」、「いくら頑張っても評価してもらえない」、「嫌なことを言う人がいる」などと人生に不満をもっている人たちには、そのタイプが多いのではないでしょうか。自分で何かをしようとしないで結果ばかりを望んでいると、「こんなはずではなかった」となってしまいます。

そうではなく、**人生が問いかけてくることに自分が答えているという発想をもつ**ようにするべきではないのか……。『夜と霧』はその大切さを教えてくれます。だからこそ、弱気になりかけたときに読みたくなる本なのです。

アウシュヴィッツほど過酷な状況ではなくても、なにか不遇な状況におかれたとします。そういうときには「自分だけが運が悪くて、ひどい目に遭っている。もうこんな人生は嫌だ」という人と、「この中でどのように生きていけば、人生を意味あるものにできるか」と考える人の二種類に分けられます。どちらがいいかと考えるまでもありません。ポジティブであるためにも常に後者のスタンスでありたいものです。

〝人生から期待されていることに答えるためには、どのような心構えで生きていけばいいのか？〟

そう考える瞬間があったなら、その時点で自分の死生観をもてたことにもなるのです。

死生観をつくりあげていく「道」

剣豪・宮本武蔵が自ら記した兵法書である『五輪書』は、「地の巻」、「水の巻」、「火の巻」、「風の巻」、「空《くう》の巻」で構成されています。

剣術や戦術を具体的に語ったあとの最後の「空の巻」に書かれているのは、武蔵が行き着いた兵法の真理です。
武蔵が究めようとしていた剣術の世界では、敗れることはそのまま死に直結します。そういう世界に身を置いていれば、自ずと死生観が磨かれていくことになります。「空の巻」で武蔵が説いたのは、禅僧が達する悟りの境地にも似ています。

空といふ心は、物毎《ものごと》のなき所、しれざる事を空と見たつる也。勿論《もちろん》空はなきなり。ある所をしりてなき所をしる、是則《これすなわ》ち空なり。世の中におゐて、あしく見れば、物をわきまへざる所を空と見る所、実《まこと》の空にはあらず、皆まよふ心なり。

「空」とは何もないということである。何もないのをどうすれば知ることができるかといえば、あるところを知ればいい。世の人たちは、ものごとの道理を区別しないところを空だというが、それは本当の空ではない。すべて迷いの心だ——。
およそこのような意味になります。

そこまでの巻では、刀の構え方などについての細かいことを指南しています。そうして最終的に行き着いた境地が表されているのです。

直《すぐ》なる所を本《もと》とし、実の心を道として、兵法を広くおこなひ、たゞしく明らかに、大きなる所をおもひとつて、空を道とし、道を空と見る所也。

空が道、道は空。「空の巻」はこのように締め括られています。

こうした境地に達するまでにあるのが「道《どう》」だといえます。武道、武士道に限ったことではなく、**「道」を歩んでいくなかで自分の死生観も練れていきます。**

道を行くというのはすなわち「ｉｎｇ」です。

どんなことであれ、探究を続けていれば、どこで最期を迎えることになっても、受け入れられるようになります。

死を自覚しているからこそ、生を輝かせられる

死の影に怯えて、「死にたくない、死にたくない」とあたふたするのも、人としては自然な反応です。それだけ未練を残す人生も悪くはないと思います。決してみっともないと責められるものでもありません。ただし、死におびえてばかりいるようでは死生観をもっているとは言い難いのは確かです。

自分の死生観をもつことによって**目指したいのは、平然と死を受け入れられる境地**です。

死を鏡として生の意味を照らし出していくのが、実存主義的なあり方でした。

やがて死は訪れる、ということをまず前提にする。

その不安に打ち克ち、自分で人生の意味を勝ち取っていくという考えのもとで人生をつくりだしていく……。

その果てにある死を自覚しているからこそ、生を輝かせられるのです。

人間以外の動物にはできない逆説的な思考の立て方です。そういうところに行き着けたなら、ここから先の人生も歩みやすくなるのではないかという気がします。

還暦を区切りとして、自分の死生観をつくりあげる旅に出かけるのもいいのではないでしょうか。

あなたにとっての「道」がそこに開けていくはずです。

第2章　死といかに向き合うか

——賢者達の死生観

蟬の寿命と人間の寿命

いかに死と向き合えばいいのか。

死生観を練り上げていくうえで参考になる言葉は、さまざまなところで見つけられます。哲学者、思想家、現代の賢者たち……。

孔子の儒教と並んで中国古典の一大潮流をなす思想に道教があります。その始祖のひとりである荘子《そうじ》（荘周）は、その著書『荘子』に次のような言葉を残しています。

> 小さな知恵にとって大きな知恵は理解にあまるし、短い寿命から長い寿命は計りきれない。なぜそうと分かるかといえば、朝菌というキノコは朝か夜かの見分けもつかず、夏の蟬は春と秋とを知らずに終わる。これらは命短き存在である。
>
> （福永光司、興膳宏訳）

訳から引用したので、細かい解説は必要ないかと思います。

人間が夏の蟬の寿命は短いと思っていても、物差しはそれぞれです。人間の寿命を短いと感じる存在もいるかもしれません。だからといって「もっともっと」と無限の命を望んでも仕方がありません。**いまの寿命に満足できないといって長寿を望むのも情けないではないか**、ということです。

こうした考え方は、明治維新の立役者となる若者を多く育てた幕末の思想家、吉田松陰にも通じるところがあります。

数えで30歳の時に安政の大獄に連座し、斬首刑に処せられた松陰が獄中で記した『留《りゅう》魂録《こんろく》』には、次のように書かれています。

> 吾《わ》れ行年三十。一事成ることなくして死して、禾稼《かか》のいまだ秀でず実らざるに似たれば、惜しむべきに似たり。しかれども義卿《ぎけい》の身をもつていへば、これまた秀実のときなり、何ぞかならずしも哀しまん。何となれば人寿は定まりなし。禾稼のかならず四時《しじ》を経るごときにあらず。十歳にして死する者は十歳中おのづから四時あり。二十はおのづから二十の四時あり。三十はおのづから三十の四時あり。五十、百はおのずから五十、百の四時あり。十歳をもつて短しとするは、蟪蛄《けいこ》をして霊椿《れいちん》

たらしめんと欲するなり。百歳をもつて長しとするは、霊椿をして蟪蛄たらしめんと欲するなり。斉《ひと》しく命に達せずとす。

私は30歳であり、一事を成せずに死ぬのであれば、穀物が実らなかったのと同じように惜しむべきなのかもしれない。しかし私は、実りの時期を迎えているので哀しむことはない。穀物のように必ずしも四時（四季）を過ごしていく必要はない。10歳で死ぬ者には10歳の四時があり、30歳なら30歳の四時、１００歳なら１００歳の四時がある。**10歳だから短いというのは、夏の蟬を霊椿（長生きする霊木）にしようとするもの**であり、１００歳を長いというのは霊椿を蟬にしようとするようなものだ——ということです。

松陰の死生観をとてもよく表した一節です。

松陰は、弟子のひとりの高杉晋作へ宛てた手紙の中で、次のようにも書いています。

死して不朽の見込あらばいつでも死ぬべし。
生きて大業の見込あらばいつでも生くべし。

死ぬことによって志が達成できるなら、いつ死んでもいい。生きていることで大業の見込みがあるなら、生きて成し遂げればいい。肝心なのは、何を成せたかであり、生きた時間の長短は問題ではない、ということです。

生きる価値というものを考えたいのであれば、心に留めておきたい言葉です。

若死にもよし長寿もよし

『荘子』に戻りましょう。

天地は我々に形を与えて地上に送り、命を与えて苦労させ、老いを与えて安らがせ、死を与えて休ませる。だから、よく生きる者にして、はじめてよく死ねるのだ。

最後の一文は、原文（読み下し）では「吾が生を善くする者は、乃《すなわ》ち吾が死を善くする所以《ゆえん》なり」となります。しっかりと生きて苦労をすれば、老いが安らぎになり、よき死を迎えられる、という意味です。

世の中において何かしらの役割を果たせたかどうか、と大げさに考えなくても、**一生懸命生きて、自分なりに何かをやれたのならいい。それが「よく生きる」ということだ**と解釈できます。

たとえば私の祖父母は10人の子供を育てました。それだけでも大変なことであり、子供たちが独り立ちしたあとの老いは、安らぎが感じられるものになっていたのだろうと思います。普通の人生を考えるなら、そうしたことにも十分な価値があるはずです。

『荘子』にはこうも書かれています。


人間の形というものは、数限りなく変化してやまない存在なのだから、その楽しみもまた無限のものであるはずだ。だから聖人は万物をすべて漏れなく包み込む境地に遊んで、一切を在るがままに肯定する。若死にもよし長寿もよし、生まれるもよし死ぬもよしだ。

やはり松陰の言葉につながる部分です。「若死にもよし、長寿もよし」とまで思えるようになれば、くよくよ考えたり死を恐れたりすることはなくなります。

中国ではよく「天」という言い方をします。**天から命が与えられ、最後は天に帰っていく。**そのあいだに自分なりに命を全うすればいいと考えるのです。

荘子が妻に先立たれたあとのことです。荘子の論争相手であった恵子《けいし》が弔問に訪れたところ、荘子が鉢を叩きながら歌っていたのに驚き、「泣かないだけでも人情に劣るが、歌っているとはひどいじゃないか」と非難しました。荘子は答えます。

「そうじゃないさ。女房が死んだばかりのときには、ぼくだって胸にこたえぬはずがないよ。だけど、ものごとの始まりをよく考えてみれば、あいつにはもともと生命などなかった。いや、生命がなかっただけじゃない、もともと形さえなかった。いや、形がなかっただけじゃない、〔形を作りだす元素の〕気さえなかった。とりとめなく無秩序な渾沌の中で、混じりあったものが気となり、気が変化して形を生じ、形が変化して生命を生じ、いままたそれが変化して死に至った。これはちょうど春夏秋冬の季節の変化と同じなんだよ。人が天地という巨大な寝室で眠りにつこうとするときに、このぼくが後を追ってギャーギャーと泣きわめこうものなら、それこそ生命の理に通じないことになる。だから哭《な》くのは止めたのさ」

天から命を与えられ、最後は天に帰っていくという考え方がそのまま出ている言葉です。「春夏秋冬の季節の変化」という部分は、原文では「春秋冬夏四時の行《こう》を為すなり」となっています。『留魂録』で見られた「四時」という表現は『荘子』の中でもよく見られるキーワードです。

生は〝借り物〟にすぎない

『荘子』には次のような箇所もあります。

生は死の仲間であって、死は生の始まりだ。生と死のけじめは誰にも分からない。人間の生命は、気の集積から成る。気が集まれば生となり、気が散らばれば死となる。もし死と生とが仲間なのなら、我々は何も悩むことはないはずだ。かくて万物はもともと一つのものだ。

この考え方において**重要なのは「気」の集散**です。日本人にとってもわかりやすい考え方だといえます。

最近でこそ、日本人が「気」という単語を使う機会は減りました。しかし、たとえば近松門左衛門が書いた作品などには気の用例が非常に多く見つかります。中井正一という美学者が調べたところによると、「気遣《きづかい》」だけで、271回用いられていたそうです。

荘子はこうも言っています。

人がこの天地の間に生きているのは、ちょうど白馬が走り去るのを戸の隙間からのぞき見るようなもので、あっという間のできごとだ。

原文には「白駒《はっく》の郤《げき》を過ぐるが若《ごと》く、忽然《こつぜん》たるのみ」とあります。**人が生きている時**

間などは一瞬に近いということです。

荘子の説話として有名なものに「知らず、周の夢に胡蝶《こちょう》と為《な》れるか、胡蝶の夢に周と為れるかを」という「胡蝶の夢」があります。

この周とは私＝荘子のことで、自分が夢の中で蝶になっていたのか、蝶が夢を見ていて私になっているのかもわからないということです。

こうした荘子の考え方は、すべてが等しいもので、形を変えているだけだという「万《ばん》物斉同《ぶつせいどう》」という一語にまとめられます。

荘子のように、**いま与えられている生は〝借り物〟にすぎない**という考え方をしていれば、執着心は捨てやすくなります。

人間は遺伝子を残すための乗り物にすぎない

生物学者のリチャード・ドーキンスは「人間を含めた生物は遺伝子を残すための乗り物にすぎない」という言い方をしています。

ドーキンスの論法でいえば、親の遺伝子を受け継いで生まれたあと、子孫を残すことによって**遺伝子を伝えればいつ死んでもいい**ことになります。

だとすれば、60歳を過ぎた男性などは生物学的にはあまり存在価値がないともいえます。若い人にくらべて生殖能力が低下しているなら〝オスとして劣化〟しているとみなされてしまうのです。子や孫の面倒を見るうえでもあまり役に立っていないとなれば、さらに立場は弱くなります。そういった意味で、ドーキンスの考え方は世界中の男性にショックを与えました。

私たちは誰でも、自分の人生は自分自身で選び取ってきたという自負をもっているはずです。しかしドーキンスの言うように、生命の主役が遺伝子であったなら、年を取るごとに私たちの存在意義はあやうくなっていきます。

それでも、自分が死んだあとにもＤＮＡは受け継がれるのだと考えれば、**永遠の生命に自分が連なっている**のだと感じて安堵することもできます。

ドーキンスの論に限らず、こうした考え方は死の恐怖を克服するための王道といえます。「**自分の命は限られていても、限られていないものにつながっている**」と理解すれば不安をなくすことができるからです。

生物学的に考えれば、人間の細胞内にあるミトコンドリアも、私たちに哲学的な問いを投げかけています。

ミトコンドリアは酸素呼吸からエネルギーを生産するのに重要な働きをしていますが、実はもともと生物として独立している存在だったのに、人間の中に入り込むことによって生き残る道を選んだのではないかという説があるのです。

そうだとするなら、**ミトコンドリアの戦略**によって、人間はエネルギーを生産できるようになって生命を維持する手段を得たことになります。それと同時に、永遠ともいえるミトコンドリアとの共生を始めたことにもなるのです。

この細胞内共生説は、作家の瀬名秀明さんが、東北大学大学院の薬学研究科に在学していた当時、のちに映画化もされたSF小説『パラサイト・イヴ』を書く手がかりにもなっていたようです。

ある生物がほかの生物の細胞の中にまで入り込み、抜け出せないようになりながらも、相手の生物にとっては不可欠のものとして生きていく……。途方もなく壮大な生物ドラマです。そこでは、生きる意味を求めるのか、生きる道を探すのか、という究極の選択が迫られていたのだともいえそうです。

興味のある方は、瀬名さんと、ミトコンドリア研究で知られる分子細胞生物学者の太田成男さんの共著『ミトコンドリアのちから』をぜひお読みください。

一休いわく、「末期の糞をさらして梵天に捧ぐ」

テレビアニメで有名なとんちの一休さん。そのモデルとして知られる一休宗純《そうじゅん》は、怪僧であり名僧であり詩人でもあります。次の詩は、その一休禅師が詠んだものです。

有漏路《うろじ》より　無漏路《むろじ》に帰る　一休み
雨降らば降れ　風吹かば吹け

有漏路とはさまざまなものがある世界のことで、無漏路とは何もない世界のこと。有漏路は煩悩のある世界で、無漏路は煩悩のない世界（悟りの境地、あるいは仏の世界）を指しているという見方もできます。そのあいだを行き来しながら**現世で一休みしてい**

る、それだけのことなのだから雨が降ろうと風が吹こうとかまわない、というわけです。
一休がこの歌を詠んだことで、師である華叟《かそう》は「おまえはこれから一休と名乗るがいい」と言って、一休という道号を与えたそうです。
その後に大悟《たいご》したとされる一休には多くの逸話が残されています。なかでもよく知られているのが、正月の朝から棒の先にしゃれこうべを差して持ち歩き、家々の戸を叩いて回ったという話です。

門松や　冥土の旅の一里塚　めでたくもあり　めでたくもなし

「縁起でもない」と怒られた一休は、こう返したといいます。

にくげなき　このされこうべ　あなかしこ
目出たくかしこ　これよりはなし

一休が持っていたしゃれこうべは本物でした。「肉も毛もなく憎々しそうに見えず、目が飛びだしてしまい、穴だけが残っているのだから目出たい。**しゃれこうべになるほどめでたいことはない**」。そう言って、世の無常を伝えようとしたのです。

一休はこんな詩も残しています。

朦々《もうもう》として三十年
淡々として三十年
朦々淡々六十年
末期の糞をさらして　梵天《ぼんてん》に捧ぐ

朦々というのは、煙がもうもうと立ち上っていくようにぼんやりとしていることで、淡々はこだわりをもたないことです。大抵の人は朦々として一生を終えるのに、一休は人生の後半からは淡々と暮らせるようになっていたのでしょう。そのうえで、

借用申す　昨月昨日
返済申す　今月今日
借り置きし　五つのものを　四つかへし
　本来空《くう》に　いまぞもとづく

借りてきたものは梵天（創造主の神）に返すというのですから、荘子にも通じる考え方です。

孔子と老子の教えは両輪

先に荘子を取り上げましたが、荘子に並ぶ思想家として老子がいます。二人の教えは「老荘思想」と括られ、道家の思想の根本を成しています。道家とは、万物生成の原理としての「道（タオ）」を求め、**無為自然による生き方**を説いた学派です。その教えと不老不死を希求する神仙思想が結びついて「道教」が生まれることになります。

老子が書いたとされる『老子』のなかでもよく知られるのが次の一節です。

死して而《しか》も亡《ほろ》びざる者は寿《いのちなが》し

たとえ死んでも道（タオ）と一体となって滅びることのないことが、まことの長寿だということです。タオは老荘思想の核心を成すもので、思想や宗教を問わない真理のようなものを指していると考えてもいいでしょう。**真理をわきまえているなら、死んでも死んだことにはならない。**現世で長生きできるかどうかと右往左往するのではなく、タオとの一体化を考えるほうがずっと大切だという教えです。

老子の死生観をよく表した言葉として、「生に出でて死に入る」も有名です。

人はこの世に生まれ出て、また死の世界へと入っていく。柔軟に弱々しくして生きながらえることのできる人は十人のうちに三人あり、堅く強ばっていて死んでしまう人も十人のうちに三人あるが、生きている人でわざわざ自分から死地へと移っていく人も、また十人のうちで三人ある。そもそもそれはなぜかといえば、あまりにも生命を守ることに執着しすぎるからである。
　聞くところでは、生命の養いかたにすぐれた人は、陸地を旅するときは虎や兕《じ》といった猛獣に出あうことがなく、軍隊に入ったときにもよろいや武器で身をかためることがない。兕もその角をぶつけようがなく、虎もその爪をひっかけようがなく、武器もその刃をうちこみようがないのだという。いったいそれはなぜかといえば、かれには生命に執着するといった死の条件がないからである。

兕とは水牛に似た一角獣（幻獣）のこと。生命の養い方にすぐれた人、すなわち**命を守ることに執着しない人のほうが、かえって危険に遭うことは少なく、死地へ行っても助かりやすい。**死にたくない、死にたくないと身構えているよりも、無為自然でいたほうがいいという考え方です。

人の生まるるや柔弱、その死するや堅強なり生まれたときはやわらかく、それが生命の本源だということです。

「水より柔弱なるはなし。而《しか》も堅強を攻むる者、これに能《よ》く勝るなし」ともあります。やわらかければやわらかいほどいいので、できるだけそれを保ちたいということです。

「上善は水の如し」（最高の善は水のあり方）とも言っています。

高齢になると全身がこわばってくるものなので、それを避けたいという養生の話にもつながります。

野口三千三《みちぞう》が創始した「野口体操」では、体を「体液主体」と捉えます。**人間の体は革袋に水が入っているような状態**だと考え、体の力を抜いていくのを心がけるのです（『原初生命体としての人間』）。私も若い頃には野口体操の教室に通って、水に近づく練習をしていました。そのため、老子の言わんとするところはわかる気がします。

身も心も、水のごとくあるのがいいという発想だったのでしょう。

誰だって、生きているなかではショックな言葉を聞かされることも少なくないはずです。そういうときも水の流れるがごとく、あとを引かないようにするのがいい。死が訪れようとしていても重く受け止めない。そんな感覚が大切なのだと思います。

ところで孔子が徳を積むことが大切だと言っているのに対して、老子はそう言いません。現世における栄達などは意識しないで、やわらかく生きていくことを勧めています。孔子と老子の教えは両輪だともいえます。

どちらかだけが正しいわけではなく、双方の教えが尊いのは確かです。

「死は身近なものではない」という錯覚

「はじめに」でも紹介したドイツの哲学者ハイデガーの主著が『存在と時間』です。

ここでハイデガーは人間について語ることを目的にはしていませんでした。「存在とは何か？」を突き詰めていくなかで、人間と時間性との関係に行き着いたのです。

存在とは「ある」ということです。「ある」ことを問題にできるのは、「ある」ことを意識して問題にできる何者かが存在しているときに限られます。その何者かが人間です。**人間は、死を意識しながら自らの存在意義を考えます。**そのうえでいつか死ぬという覚悟（先駆的覚悟性）をもって生きていくのが本来である。にもかかわらず、死を覆い隠すように回避している……。多くの人は、日常的に死を忘れようと努める非本来的な行為に傾いている、というわけです。『存在と時間』にはこう書かれています。

人はこう言うものである。死は確実にやってくるが、とはいえ当分はまだやってこない。この「とはいえ〜」によって、〈ひと〉は死の確実性を否認しているのだ。「当分はまだやってこない」というのは、たんなる否定的言明ではない。それは〈ひと〉によるひとつの自己解釈なのであって、そのように自己を解釈することで〈ひと〉は、さしあたりまだ、現存在にとって接近可能なもの、配慮的に気づかうことができるものでありつづけているものへとじぶんを指示する。日常性は、緊急に配慮的に気づかう必要のあるものへと急きたてられて、張りあいのない、「死への無為な想い」という枷《かせ》を脱するのである。死は「いずれいつかは」へと押しやられ、しかもいわゆる「一般的推計」を引きあいに出したうえで押しやられる。こうして〈ひと〉は、死の確実性に特有なことがら、つまり死はあらゆる瞬間に可能であることを覆いかくしてしまう。死の確実性には、死が〈いつなのか〉が規定されていないことがともなう。

いつ死ぬかがわからないのに、「しばらく来ない」と自分に思い込ませてしまうのが人間であり、そういうやり方は誤魔化しにすぎないということです。

また同書によれば、それとは反対の「死へとかかわる本来的な存在」の性格は、こう総括されます。

先駆することによって現存在に対して、〈ひとである自己〉のうちへと喪失されたありかたが露呈され、現存在はそのことで、配慮的に気づかいながら顧慮的に気づかうことに第一次的には依拠することなく、じぶん自身でありうる可能性のまえに置かれることになる。このじぶん自身とは、情熱的な、〈ひと〉の錯覚から解きはなたれており、しかも事実的でそれ自身を確実なものとし、そのさい不安をおぼえているような、死へとかかわる自由におけるじぶん自身なのである。

（熊野純彦訳／傍点原文）

わかりにくい表現かもしれませんが、すべての語句にハイデガー自身による強調がなされていることでもわかるように、重要な箇所です。

「現存在（ダーザイン）」とは人間のことで、自己を人間であることを知っている、主体としての存在者です。

人間は、「世の中に投げ出されていると同時に、自らをその存在可能性に向かって投げ出す（被投的投企）」実存的な存在です。引用部をわかりやすく言えば、次のようになります。

先駆的覚悟性をもつこと、つまり**死から目を逸らさず先駆けて覚悟しておく**ことによって、錯覚をもたず、不安にとらわれながらも死と関わる自由の中で自分と向き合える。自分の死へとかかわることで、人は実存的かつ本来的になるということです。

エロスとタナトス——人は生を望むか、死を望むか

精神分析学の礎を築いたフロイトは、無意識の世界を探究して理論化した人だといえます。その過程で彼は、人には死へ向かう、すなわち死を望む傾向があるのではないか

と気がつきます。これが「タナトス」です。

愛情から生産に向かう「生の本能（欲動）」がエロスであるのに対し、タナトスは「死への本能（欲動）」です。

我々は死を恐れて嫌っているようでありながら、どこかで死を望んでいる部分があるのではないか、という考え方です。証明できるかどうかといった話ではなく、そういう見方もできるということです。

フロイトの主著のひとつである『快感原則の彼岸』について、精神分析家の小此木啓吾《おこのぎけいご》は次のように書いています。

そこ（『快感原則の彼岸』）でフロイトは、こう論じている。

「あらゆる生物が内的な理由から死んで無機物に還るという仮定が許されるとすれば、あらゆる生命の目標は死であるということになる。また見方を変えれば、無生物は、生物以前に存在した、としか言えない」

つまりフロイトにとって、有機体よりも無機物のほうが、生物よりも無生物のほうが、生よりも死のほうが、より確実で、より恒常性のある存在であった。有機体の内部には常に無機物へと解体してゆこうとする本性が、生物（生）には無生物（死）へと向かう本能、つまり「死の本能」が働いている。

（『フロイト思想のキーワード』）

フロイトの生命観は**「生は死への迂路《うろ》である」**としてまとめられます。

迂路とは回り道のこと。

つまり、ゆくゆくは恒常性のある存在＝無機物になりたいと考え、死を目指しながら、人は生きている、という考え方です。

世に中には、どうしてこの人はこんなに死にたがっているのか、と思える人がいます。その理由はさまざまだとしても、「生きたい」と願っている人ばかりではないのは確かなようです。「無になってしまいたい」と考えて、実際に自殺してしまう人もいます。

逆説的ですが**「人間は生ばかりを追い求めている存在ではない」**と考えることによって、気持ちがラクになる面もあります。

無意識界のことであっても、無機物に還っていきたい、死を望んでいるのかもしれない、と考えるようにすれば、死を恐れなくなりやすいはずです。

フロイトと交流した古典学者、哲学者のノーマン・O・ブラウンは、その理論をこう読み解きます。

フロイトは人間性に内在する攻撃性――自然の支配とともに人間の支配への衝動――は、死の本能の外向性の結果であり、死への願望が、殺人や破壊や支配に転換されたものであることを示唆している

（秋山さと子訳『エロスとタナトス』）

死への本能が人間に内在する攻撃性につながっているということは、たしかにありそうです。正常な人間の感覚ではありませんが、自分が死にたいがために他人を巻き添えにする例は、巨悪犯罪事件で見られるところです。

悲惨な戦争を引き起こした指導者の心の内には、何もかも破壊し尽くしたい、何もか

もを支配したいという衝動があり、それはその人自身のタナトスとつながっているのではないかといわれれば、そうかもしれないとも思います。

同書の中には、「有機的生命を生と死の弁証法的統合と考えるフロイトのヴィジョン」という言葉もあります。

ここでいうフロイトのヴィジョンとは、生があり、その反対物として死があるなかで、両者を統合していく存在として有機的生命を考えるということです。エロスとタナトスでいうなら、**相反する本能が表裏一体のように人間存在をつくっている**ことになります。

「対象喪失」と「喪の仕事」

人は自分自身の死は経験できないかわりに、身近な人の死はたびたび経験することになります。

「死が悲しいものであることは確かだ」とするフロイトは、「喪の仕事（悲哀の仕事）」を行なうことも大切だと言っています。

前出『フロイト思想のキーワード』では、フロイトによる「悲哀とメランコリー」という論文から、次の部分を紹介しています。

対象喪失による悲哀が続く限り、その人の下界への関心は失われ、新しい愛の対象を選ぶことはできない。知的には愛する対象がもはや存在しないことはわかっているのに、人間はリビドーの向きを変えたがらず、代わりの者が誘っているというのに、それでもその向きを変えようとしない。そのために、悲哀の最中にいる人間は、現実から顔を背けてまで失った対象に固執する。悲哀にとらわれている心は、その意味では精神病と共通した現実喪失に陥っていると言うことができる。そして悲哀の苦痛は、もはや対象が存在しないことがわかっているのに、思慕の情が続く、みたされぬフラストレーションの苦痛である。悲哀の仕事は、この対象とのかかわりを一つひとつ再現し、解決していく作業である。悲哀の仕事が完了した後では、自我は再び自由になって現実に戻る。愛する対象の死に出会った場合に必要なのは、この死の必然と和解し、死を受け入れるということである。まさにそれは、失った対象を心から断念できるようになるということである。悲哀の仕事は、このような断念を可能にする心の営みである。

対象喪失とは、かけがえのないものを失うことです。家族や伴侶、ペットの死などをイメージすればわかりやすいでしょう。非常につらいことであり、対象喪失は現実喪失にもつながってしまいます。

こうした場合、**失ったものは戻らないという「断念」が求められる**のです。それができずにいると、心はずっと死んだ人のほうにばかり向いていることになってしまいます。**日本人の生活様式や死生観では、あの世とこの世が非常に近いところでつながっているといえます。**葬式だけでなく初七日、四十九日などの忌日法要があり、毎年の盆や彼岸もあります。こうした儀式が続いていくことで、気持ちはつながりつつも故人が生身としては帰らない存在になっていることを、だんだんに受け入れていくのです。

死と狩りの関係

フランスの文化人類学者レヴィ＝ストロースが、ブラジルでのフィールドワークをまとめた『悲しき熱帯』には興味深い記述が見つかります。

ブラジル南西部のマトグロッソ州に暮らすボロロ族は、誰かが死ねば、自然がその命を奪い取ったのだと考え、部族全体の損失と位置づけます。その損失を自然に贖《あがな》わせるために、村の人間たちは狩りに出るのです。

一人の人間が死ぬということは、物理的世界と社会のあいだを執り成す機会であると言える。前者を構成している敵対的な諸力が、後者に、或る損害を惹き起こしたのであり、この損害は贖われなければならない。これが葬礼狩猟の役割である。狩人の集団によって仕返しされ贖われた後では、死者は魂の社会に組み入れられなければならない。

（川田順造訳）

自然と文化が対立しているものと考えたとします。人間の生命が文化のほうにあるとすれば、人が死んだときには文化に対して自然が債務を負うことになります。

その借りを返してもらうために「大きな獲物」を一頭仕留めることを目指すのです。なるべくならジャガーがいい、ともされています。どうしてかといえば、人間が死んでも、人を食うジャガーに生まれ変わることはないと考えられているからです。

狩猟の旅に出れば、人の死を悼《いた》んでいるどころではなくなります。獲物を捕らえることに前向きになっているので、ある種、気はまぎれます。

フロイトが喪の儀式の大切さを説いている理由のひとつもここにあるのでしょう。**身近な存在の死をしっかりと受け止めるには時間を要する**ものなので、その喪失感を補うために手のかかる儀式を行なうことには意味があります。

私たちは年齢を重ねていくなかで、身近な存在の死を何度も経験していきますが、そのたび煩雑な儀式を行ない、悲しみを乗り越えていきます。そうしているうちに、**自分の死だけが特別な意味をもつわけではない**ことが、わかってくるのではないでしょうか。

日本人はそうしたところに長けているのだとも考えられます。

先祖たちはなぜ死を恐れなかったのか

柳田國男の『先祖の話』では「どうして東洋人は死を怖《おそ》れないか」と西洋人が不審がっているということから、日本人独特の死生観について考察しています。もちろん現代の日本人が死を恐れていないわけではないので、いまとは事情が違う面もあります。

柳田にしても、「怖れぬ」などということがあろうはずがない、「怖れ」にもいろいろな構成分子がある——としたうえで論を進めています。

「特に日本的なもの」として挙げられているのが次の理由です。

第一には、死してもこの国の中に「霊」は留まって、遠くへは行かぬ、と思ったこと

第二には、顕幽《けんゆう》二界の交通が繁《しげ》く、単に春秋の定期の祭だけでなしに、いずれか一方のみの心ざし（志）によって、招き招かるることが、さまで（さほど）困難でないように、思っていたこと

第三には生人《せいじん》の今わ（今際）の時の念願が、死後には必ず達成するもの、と思っ

ていたこと

で、これによって、子孫のためにいろいろの計画を立てたのみか、さらに、再び三たび生まれ代わって、同じ事業を続けられるもののごとく思った者の多かった、というのが第四である。

「第一」の、死んでも霊は遠くへ行かないという感覚は、いまでもあるかもしれません。**霊は家に留まっている**という考えがあるので、死んでも孤独にならない、と思うことができるのです。

「第二」にある顕幽二界とは、この世とあの世ということです。お盆には先祖の霊が帰ってきて、春と秋のお彼岸には此岸（この世）と彼岸（あの世）がもっとも通じやすくなると考えられています。こうしたことが「招き招かれ」にもあてはめられます。

「第三」に書かれている「今際に念願したことは達成できる」というのは、極楽浄土に往生したいと願えば、成仏できるということです。

「第四」の理由は「第三」からつながっています。子孫の無事を願ったり、**自分が生ま**

れ変わることを願えば、かなえられるということです。亡くなった人の孫が生まれると「おじいちゃんの生まれ変わりではないか」などと話すことはいまでもあるはずです。

これらの理由によって死は近しく感じられるというのです。

いまは仏壇のない家も増え、お盆やお彼岸を意識しない人が増えたことにより〝あの世とこの世の行き来〟は減っているといえます。そうなってきたことで、逆に死を怖がる人が増えているのかもしれません。

死を覚悟して、自分を脱ぎ捨て続ける意味

神話学者として知られるジョーゼフ・キャンベルがジャーナリストのビル・モイヤーズのインタビューに答えた『神話の力』には、死と再生について興味深い記述が見られます。キャンベルは次のように話します。

死の神であると同時に生殖の神でもある神々が、そこにもここにも見つかるのです。ハイチのヴードゥー教の死の神ギデは、セックスの神でもあります。エジプト

の神オシリスは、死者の審判者であり主であると同時に、生命の増殖の主でもある。基本的なテーマなんです。死ぬものは生まれる、というのはね。生命を持つために は死を持たねばならないんです。

この思想は東南アジア、特にインドネシアの首狩りの起源です。首狩りというのは聖なる行為、神聖な殺人です。若い男が結婚して父親になるのを許可してもらうためには、まず出かけていって人を殺さなければならない。死がなければ誕生はありえない。このことの意味は、すべての世代は、次の世代の到来を可能にするために死なねばならない、ということです。子供が生まれたら、そのときからあなたは死者です。生まれた子供は新しい生命であり、あなたはその生命の単なる保護者に過ぎない。

（飛田茂雄訳）

「子供が生まれたら、そのときからあなたは死者です」、すなわち**子供が生まれたときに親の生命は終わる**ということの考え方は、リチャード・ドーキンスが言うところの「生物は遺伝子を残すための乗り物にすぎない」にも通じます。

「死がなければ誕生はありえない」、「すべての世代は、次の世代の到来を可能にするために死なねばならない」。とはいえ、自分が死ぬのは嫌なので、他の民族の首を狩るようにするわけです。

もちろん現代では許される行為ではありません。それでもこうした考え方が残っていたのも事実です。

この話に続いてキャンベルは、誰かが危機的状況にあるとき、その人を助けるために命を投げ出すという英雄的行為はなぜ生まれるかという話をしています。


人間の真の実在は、あらゆる生命との一体性と調和のなかにある。これが、危機的状況のもとで瞬時に認識されるであろう形而上学的真実です。ショーペンハウエルによれば、それこそ人間の生命の真実だからです。

英雄とは、この真実の覚知に従って自己の肉体的生命を投げ出した者のことです。あなたの隣人を愛しなさいという言葉が持っている意味は、この事実に即して生きなさいということです。だが、あなたが隣人を愛そうと愛すまいと、その覚知があなたをつかんだら、あなたは自分の命を危険にさらすかもしれない。

ここでポイントとなるのは、**誰かを助けようとする人を動かしているのは道徳心ではなく、生命の一体性**だということです。

「人々は常時、世界のなかで生命を運びながら、おたがいのために無私の行動をとっているのです」ともキャンベルは話しています。それを意識的に行なえるのが英雄ですが、意識はしていなくても、とっさに人を助けるために自分の命を投げ出す行動をとる場合もあるということです。

聞き役のモイヤーズが「死を理解するのを助けてくれる神話はありますか」と聞くと、「スフィンクスの謎」を引き合いにしてキャンベルは答えます。

私たちは死を理解できません、死を静かに受容することを学ぶだけです。キリストが人間の僕《しもべ》の姿をとり、十字架上の死にさえ甘んじた物語は、死の受容ということを私たちが学ぶ際の根本的な教えだと思います。オイディプスとスフィンクスの物語も、死の受容について語っています。オイディプスの物語に出てくるスフィンクスは、エジプトのスフィンクスではなくて、鳥の翼と、獣の胴体と、女の胸、首、顔を持つ女性です。彼女はすべての生あるものが直面する運命の象徴です。スフィンクスはその土地一帯に災いをもたらしていた。そしてこの災いを取り除くために、英雄は彼女がかける謎に答えなければならなかった。「四本足で歩き、次に二本足で歩き、次に三本足で歩くものはなにか」というのがその謎です。答えは「人間」です。赤ん坊は四つんばいで這い回る、大人は二本足で歩く、年をとると杖をついて歩く。

スフィンクスの謎は、時の流れを通して見た人生の姿です——子供からおとなになり、老人になり、そして死ぬ。恐れることなくスフィンクスの謎を見つめ、それを受け入れるとき、死はもはやあなたに取りついた恐怖ではなくなり、そしてスフィンクスの呪いも消えるわけです。死の恐怖を克服することは、生の喜びを取り戻すことでもあります。人は、生の反対物としてではなく、生のひとつの相として死を受け入れたときにのみ、無条件な生の肯定を経験することができる。成りつつある生は、常に死の殻を脱ぎ捨てつつ、死の直前にある。恐怖の克服は生きる勇気を湧かせます。恐怖を克服していること、なにかを成し遂げること——これは、どんな英雄の冒険においてもまず必要な、最も重要なことです。

引用が長くなりましたが、重要なポイントです。

英雄というと、選ばれた者のようですが、「人間は死ぬものだ」と受け入れた人は、死の恐怖を克服したことになり、その段階で英雄になっているとみなせるというのです。どうしてかといえば、それによって勇気をもってこの世界で生きていけるようになるからです。そうなれば、「個」にこだわる矮小さからも脱せられます。

現在の私は自己存在の最終的な形ではありません。そのことがいま私にはわかっています。私たちは常時、なんらかの形で死ななくてはならない。すでに完成された自分を脱ぎ捨てて行かなければならないんです。

自分なるものを脱ぎ捨てることによって前進でき、死の恐怖をやわらげられるということです。現状維持でいいとは考えず、**常に自分をリニューアルしようとしている人は、死の恐怖に襲われにくい**といえるのかもしれません。

年を取るほど、生命にケチになる!?

日本の戦後思想をリードした評論家の江藤淳は、脳梗塞の後遺症に苦しんでいたこともあり、妻が亡くなったあと、66歳で自殺しました。江藤は遺書にこう記しています。

心身の不自由が進み、病苦堪え難し。去る六月十日、脳梗塞の発作に遭いし以来の江藤淳は、形骸に過ぎず、自ら処決して形骸を断ずる所以なり。乞う、諸君よ、これを諒とせられよ。

江藤のよき論争相手で、盟友関係にあったともいっていい戦後思想史の巨人・吉本隆明は、のちに江藤の死について、次のように記しました。

江藤さんのように、強固な意志をもって自分で自分を死なせるということは、老いれば老いるほど、難しくなります。なぜなら、年を取るほどに、生命に対してケチ臭くなるからです。だからなおさら、ぼくには江藤さんの死が潔く感じられるのです。

普通なら、年寄りというのはもう十分に生きて、先は長くないわけですから、「いつ死んでもいい」という心境になってもよさそうなのに、そうはならない。ほとんどの人が、逆にケチになります。

（『ひきこもれ　ひとりの時間をもつということ』）

自殺はもちろん肯定しにくいものです。しかし、**年を取るほど生命にケチ臭くなり、青春期のほうが生に執着しない**というこの考え方にはうなずけます。

この世に執着しているというのは、楽しい人生を送れている証拠なので、いいことだとは思います。ただし、執着がすぎて、必要以上に死を恐れるのは避けたいところです。もしそうなっていれば、まだ人生修行が足りないようにも感じられてしまいます。

死は「息をしなくなっただけ」

歌人の齋藤史《ふみ》は、文芸評論家の樋口覚さんとの対談の中でこう話しています。

寺山（修司）は、死を向こうにみながら仕事をしていたようです。その日までの時を計りながら。

私は、人の死を看る機会を持つのも悪くはないという気がする。女の人なんかが「ああ恐い、私はそんな死んだ人の側にいるなんてできない」と言うけれど、「恐くありませんよ、人間が息をしなくなったというだけなんですよ」と言えるようになる。

死というものの考え方、少し前の日本人は「神さりました」とか「他界」だとか、ちょっと上品に格好つけた言い方して尊厳をつけていますよね。同時に「諸行無常」なんていうのが常識になってもいますからね。西洋人の死に対する考え方、唯一神のもとへ召されていくのとちょっと違うような気がする。私たちは死へ移行するのは自然の一つだという感じがある。抵抗の度合いが少なくて他界へ移っていく。「それじゃあ、お前は霊を信じているか」というと、そう信じてもいないんですけれどね。恐いとかいうのと違ってきている。

（『ひたくれなゐの人生』）

劇作家の寺山修司は47歳で病没していますが、死の直前まで仕事をしていました。齋藤はその姿を見ていたということなのでしょう。

霊の存在はそれほど信じていないにもかかわらず、**死は「息をしなくなっただけ」**と考えられるようになったというのですから、死というものをうまく受け入れられているのがわかります。「人の死を看る機会を持つのも悪くはない」とも話されているように、経験によってそういう境地に達することもできるわけです。

小児科医から見た、子供たちの死

対談の中で齋藤は、猫などの動物はどうして自分の死がわかるのかと不思議がりながら、人間も原始的なうちはそういう感覚があったのではないかと考えて、「退化したのかしら」とも話しています。

たしかに**動物は、自分の死を予知して受け入れているように見える**ことがあります。しかし人間もまた、本来はそうした力をもっているのかもしれません。

私の友人に小児科医がいます。彼は難病のお子さんたちを受け持つことが多く、悲しいことに、どうしても子供の死に立ち会う機会が増えてしまうそうです。その友人によれば、重い病気にかかっていても、病院に入ってきた当初はふざけて走り回ったりして、言うことを聞いてくれない子もいるそうです。ところが死期が近づいてくると急におとなしくなり、ものわかりがいい子になるというのです。

彼は「最後までわんぱくでいてくれればいいのに、おとなしくなってしまうのは寂しい」とも話していました。

どうしておとなしくなるのかといえば、子供なりに死を悟り、死を受け入れる覚悟ができたからではないかというのです。

そういうことを聞けば、**50歳や60歳、あるいは70歳を過ぎた大人が死を恐れて、あたふたしているのは情けない**気がします。

純粋な子供のうちは自分の死期が感じ取れているのに、世俗的な垢にまみれて大人になると、それができなくなっていくという解釈もできるのかもしれません。

生きるだけ生きて死ぬ

哲学者や学者、宗教者に限らずとも、年齢を重ねることにより、悟りの境地とでもいえるようなものに近づいて見える人もいます。

たとえば2019年に82歳で亡くなった女優の市原悦子さんがそうです。

生前の発言をまとめた『市原悦子　ことばの宝物』では、いくつものすばらしい言葉が紹介されていました。

「若いときは自分本位でした」という市原さんは、年齢を重ねるごとに人を受け入れられるようになっていき、「自分の思いもまた深くなってきた」といいます。

76歳でS状結腸腫瘍の手術を受けるために入院したあとには「病気と友達になるよりほかはない」と考えるようにもなったそうです。

「人の死に際してなぜ年配の人は、あっけらかんとしているのかしらとずっと不思議に思っていたんです。でも最近、その理由が少しわかってきました。いちいち悲嘆にくれないのは、それだけ理解が行き届いているのと同時に、自分も死に向かうという覚悟のようなものがあるからじゃないかって」

この言葉はわかる気がします。私はようやく60歳になろうとしているところですが、以前にくらべれば周りの死を受け入れやすくなってきた面はあります。**身近な人が亡くなれば悲しいのは当然としても、少しずつショックの度合いは小さくなっています。**70代、80代となっていけばなおさらなのでしょう。「あいつも逝っちゃったな。俺もそのうち逝くからな」という感覚になるのではないかと予想されます。

市原さんはこんなふうにも話しています。

「人は無用になって死んでいくわけじゃない。生きるだけ生きて死ぬと感じました」

「生きるとか死ぬとか、ずいぶん考えさせられたけど、考えてもらちがあかない。でも、なんかいいように死ねるような気がするんです。死ぬときは、きっといい景色が浮かぶだろうって」

死が近づいてきた時期の心境としては理想的なものでしょう。

市原さんは非常にすばらしい女優でした。

いろいろな経験をしながら生きてきた人がこういう認識に至るということに感銘を受けます。「生きるだけ生きて死ぬ」という自然の摂理を受け入れた言葉も、すとんと心に入ってきます。

「いつかは死ぬ」じゃなくて「いつでも死ぬ」

同じく女優の樹木希林さんは、２０１８年に75歳で亡くなりましたが、やはりたくさんのすばらしい言葉を残されました。それらをまとめた本が死後多く発刊され、そのどれもがベストセラーになっているほどです。

希林さんは２００５年に乳がんの手術を受け、２０１３年には「全身がん」だと告白されました。そういうなかで考え方が変わってきた部分もあったようです。

私ね、自分の身体は自分のものだと考えていたんですよ。とんでもない。これ、借りものなんだっていうふうに思えるようになりました。親から生んでもらったこの身体をお借りしているんだ、と。そこにね、私という何だかよく分からない性格のものが入ってるんだ、と。

（『この世を生き切る醍醐味』）

「体は借りもの」という考え方は、荘子の教えにも通じるものです。そういう境地にまで達していたということなのでしょう。

希林さんは亡くなる寸前までほとんど休むことなく女優業を続けていたので、病気であることを忘れてしまうほどだったといいます。その強さにはただただ感動させられます。次のようにも話されていました。

家や土地っていうのもさ、なんか自分で買ったんだから、自分のものだと思っちゃうじゃない？　でも、これって、地球から借りてるものなんだよね。東京都から借りてるものだって、日本国から借りてるものだって。突き詰めて考えてみれば、地球からお借りしてるものなんだっていうふうに思ったの。その時にスコーンとね、「これが欲しい」「あれが欲しい」っていうのがなくなっちゃった。病気してからね、病気して死に至った時にね、持っていかれないわけだから。それでなんか腑《ふ》に落ちた。物欲がね、スッとなくなっちゃいましたねぇ。

「人間いつかは死ぬ」って、みんなよく言うでしょ。私のように、これだけ長くがんと付き合ってね、これだけたくさんのがんを持ってると、「いつかは死ぬ」じゃなくて、「いつでも死ぬ」、という感覚なんですよ。それに関しては「あっ、ごくろうさま。お借りしていたものをお返しいたします」という感覚でいるからね、すごく楽なんですよね。

死んだらどうなるのかと悩むのではなく、借りていたものを返すだけだと理解する。それができたなら、死が近づきつつある年齢になっても騒ぎ立てることはなく、落ち着いていられるのではないでしょうか。

いつ死んでもおかしくないという覚悟のもとで最後までしっかり生きる。

そうありたいからこそ、ここからの時間に何を学び、どう生きていくかが問われてくるのです。

第3章　この世とあの世の道理を学ぶ

――宗教の教え

宗教と死生観

人は宗教に何を求めるのでしょうか？

それぞれ違うところはあるにしても、死の不安を打ち消すために宗教に頼っている部分はあるはずです。考え方を変えれば、**人間は死の不安を打ち消すために宗教をつくりだした**ともいえるのです。

死生観をもたない宗教はまずないように、宗教は常に「死をどう扱うか」を考えてきました。

仏教では、人は「業」によって、天道、人間道、修羅道、畜生道、餓鬼道、地獄道の六道における輪廻《りんね》転生《てんしょう》を繰り返しているものと考えられています。その苦を逃れるために輪廻を脱することを目指し、それができれば「解脱《げだつ》」したとみなされます。そうして到達するのがニルヴァーナ（涅槃《ねはん》）です。

宗派によって違う部分もありますが、基本的な考え方は同じです。

死んで生まれ変われるならいいのではないかと思う人もいるかもしれません。しかしたとえば、餓鬼道は飢えと渇きに苦しむ亡者の世界です。地獄道では、生前に犯した悪行に応じてさまざまな責め苦を受けます。人間ではなく、蚊やゴキブリに生まれ変わることもあり得ます。人間道（人間界）、あるいは天道（天上界）にしても、迷いや苦しみはあります。この世界はすべて苦しいということを前提として解脱を目指しているのです。

それでは一神教はどうでしょうか。

一神教とは、唯一の神（全知全能の創造主）を信仰する宗教形態で、一般的にはユダヤ教、キリスト教、イスラム教が典型とされます。

一神教では神の存在を信じることからこの世に生きている意味を見出します。神に対して忠実であれば死後には天国（楽園）に行け、神の存在を疑えば地獄に落ちると説いている宗教もあります。

キリスト教の「神」と「天国」

一神教であるユダヤ教、キリスト教、イスラム教は同一の神を信じています。それぞれに「ヤーヴェ（ヤハウェ）」、「ゴッド」、「アッラー」と呼び方が異なるだけです。

キリスト教もイスラム教も『旧約聖書』を聖典のひとつとしています。キリスト教では『新約聖書』、イスラム教では『クルアーン（コーラン）』がつくられたので、それまでの聖書が旧約と呼ばれるようになりました。ユダヤ教でもいわゆる旧約聖書が聖典ですが、新約がないため、旧約を付けずにそのまま『聖書』と呼ばれています。旧約聖書は一神教のプラットフォームになっているともいえるのです。

パレスチナで生まれたイエスもユダヤ教徒でした。しかしイエスは、ユダヤ民族を救うための宗教であるユダヤ教を万人に開放しました。神の教えは分け隔てないものであり、神を信仰すれば誰でも救われるという考え方を説いたのです。その意味で**イエスは、ユダヤ教の改革者だった**といえます。

そのためユダヤ教の指導者たちからは認められず、十字架に磔《はりつけ》にされる最期を迎えてしまったわけです。

キリスト教はその後にイエスの遺志を継ぐ十二使徒やパウロによって形成されていきました。その過程で新約聖書がまとめられたのです。

キリスト教のほとんどの宗派では「父なる神」と「神の子（＝イエス）」と「聖霊」を唯一の神が三つの姿で現れたものとして信仰しています（三位一体《さんみいったい》）。

それでは新約聖書には、生と死はどのように書かれているのでしょうか。有名な一節としては次があります（以下、引用は日本聖書協会『舊新約聖書 文語訳』に拠る）。

『なんぢら悔改《くいあらた》めよ、天国《てんこく》は近づきたり』

〈マタイ伝福音書3章2〉

悔い改めるというと「改心」を思い浮かべる人が多いと思います。しかし聖書では「回心」として、**心のベクトルを転換して神のほうへ向ける**ことをいいます。

「天国」は「てんこく」と読みます。

「天国《てんこく》」は、死後の行き先として思い浮かべられやすい天国《てんごく》や、国境で区切られた国を指すのではなく「神がおられるところ」、「神の力が働いているところ」を意味します。

信じる者は救われる

『幸福《さいわい》なるかな、心の貧しき者。天国はその人のものなり。』

と始まるのが、マタイ伝福音書5章にある「山上の垂訓《すいくん》」と呼ばれる有名な説教です。このあと「幸いなるかな」が七度、次のように繰り返されます。現代語に訳すと、

「悲しむ人は幸いである、その人は慰められる。柔和な人は幸いである、その人は地を受け継ぐ（恵みを受け継ぐ）。義に飢え渇く人は幸いである、その人は満たされる。憐れみ深い人は幸いである、その人は憐れみを受ける。心の清い人は幸いである、その人は神を見る。平和を実現する人は幸いである、その人は神の子と呼ばれる。義のために迫害される人は幸いである、天の国はその人のものである」

そしてこう続けられます。

「私のためにののしられ、迫害され、身におぼえのないことで悪口を浴びせられるとき、あなたがたは幸いである。喜びなさい。大いに喜びなさい。天には大きな報いがある」

誇るものは何もなく、神に頼るしかない状況にある人たちは苦しみの中にいるようで

あっても、天の国はそういう人のためにあるのだということです。

「信じる者は救われる」。これがキリスト教の中心的な教えであり、画期的な部分でした。ユダヤ教などは非常に戒律が厳しい宗教です。戒律に従わなければ救われないということなら大変です。そもそもユダヤ民族のための宗教です。対して、信じた時点で救われるというなら、ハードルは下がります。このことはキリスト教が世界宗教として発展した理由のひとつに挙げられます。

イエスがユダヤ教の一派を成すパリサイ人（ファリサイ派）と対立したのは彼らが戒律にばかり厳しく、内面を省みようとはしなかったからです。

細かい戒律を守るかどうかという**行動が問われるのではなく、内面に信じる心があれば救われる**。イエスはそう考えたからこそ、歩み寄れない壁ができたのです。

イエスは次のようにも説いています。


『求めよ、さらば与へられん。

尋ねよ、さらば見出さん。

門を叩け、さらば開かれん。
すべて求むる者は得、
たづぬる者は見いだし、
門をたたく者は開かるるなり。』

〈マタイ伝福音書7章7〜8〉

さらにこの言葉に続けて、
「あなたがたのうち、自分の子がパンを求めているのに、石を与える者がいるであろうか。魚を求めているのに、蛇を与える者がいるであろうか。このように、あなたがたは(ときに傲慢であったり身勝手だったりする)悪い者でありながら、自分の子どもにはよい物を与えることを知っている。まして、天におられるあなたがたの父(神)が、求める者たちによい物をくださらないことがあろうか。だから、人にしてもらいたいと望むことは何でも、人にしてあげなさい」
信じる者は救われるという教えにもそのまま通じることで、**求め続けていれば道は開**

かれるということをまず説いています。さらにキリスト教では、自分が人にしてもらいたいようなことを人にしてあげなさいとも続けています。論語の「己の欲せざる所を、人に施す勿《な》かれ（自分が望まないことは、人にもしないように）」にも通じる教えです。

また、もともと同一の神であるはずのユダヤの神が民衆に試練を与えているのに対し、イエスが語る神は慈愛に満ちています。

『天国は一粒の芥種《からしだね》のごとし、人これを取りてその畑《はた》に播《ま》くときは、万《よろず》の種よりも小《ちいさ》けれど、育ちては他の野菜よりも大《おおき》く、樹となりて、空の鳥きたり其《そ》の枝に宿るほどなり』

〈マタイ伝福音書13章31〜32〉

『天国はパンだねのごとし、女これを取りて、三斗《さんど》の粉《こ》の中に入《い》るれば、ことごとく脹《ふく》れいだすなり』

〈マタイ伝福音書13章33〉

神のめぐみは大きなものなのに、からし種のように小さくて気づかない、パン種のように粉に埋もれて存在がわからない……。しかし、イエスが私たちの心にまいた種は大きく成長していく、ということです。

そしてイエスは、自分の死が近づいているのを予期したときにはこう言いました。

『人の子の栄光を受くべき時来たれり。
誠にまことに汝らに告ぐ、
一粒の麦、地に落ちて死なずば、唯一つにて在らん、
もし死なば、多くの果《み》を結ぶべし。
己が生命を愛する者は、これを失ひ、
この世にてその生命を憎む者は、
之《これ》を保ちて永遠《とこしえ》の生命に至るべし。』

〈ヨハネ伝福音書12章23〜25〉

「自分、自分」と自分だけを見ていれば一粒のままで終わってしまう。しかし、**自分の命にこだわらず地に落ちていくのをいとわなければ、その命は永遠につながっていく**ということです。「(自分の)生命を憎む」といえば誤解もされそうですが、人のために自分の生命を投げ出すことができる高潔さが説かれています。

そのためイエスは、十字架に磔にされることを「栄光を受けるとき」と考えていました。

そういえば三浦綾子の『塩狩峠』は、ここに紹介した言葉をモチーフとして、乗客の命を守るために自らの命を犠牲にした鉄道員の実話を小説化したものでした。

「神の国」はどこにあるのか

さて、「神の国はいつくるのか」とパリサイ人から尋ねられたとき、イエスはこう答えます。

「神の国は目で確かめられるようにくるものでない。神の国は、あなたがたのただ中にあるのです」と。

信じる者は救われる、という言葉が象徴するように、**信じた瞬間、心のうちに神の国、天の国は現われる**、ということです。そうだとすればキリスト教は、来世のための宗教だとは限られなくなります。悔い改めて神のほうに心を向ければ、その時点でその人は救われたことになるからです。

「幸福なるかな、心の貧しき者。天国はその人のものなり」という言葉も先に紹介しました。この言葉を聞いて親鸞の教えを思い出した人もいたのではないでしょうか。

親鸞の『正信偈《しょうしんげ》』にはこうあります。

一切善悪の凡夫人《ぼんぶにん》、如来《にょらい》の弘誓願《ぐぜいがん》を聞信《もんしん》すれば、仏、広大勝解《こうだいしょうげ》の者《ひと》と言《のたま》えり。

凡夫人（凡夫）とは、聖者ではない普通の人のこと。善悪を問わずすべての人は阿弥陀如来のご請願（すべての人を救いたいという願い）を信じれば、すぐれた見解をもつ智慧《ちえ》の人だとみなされる、という意味です。さらに『歎異抄』では「善人なほもて往生をとぐ、いはんや悪人をや」という悪人正機《あくにんしょうき》説が説かれています。

イエスや親鸞は、救済の対象は問わないということをはっきりと示していたからこそ、その言葉が救いを求める人たちの心に沁みていったのではないかと思います。

イスラム教における『クルアーン』の意味

キリスト教、イスラム教、仏教が世界三大宗教と呼ばれるなかで、日本人にとってはもっとも馴染みが薄いといえるのがイスラム教です。

イスラム教は、610年頃にメッカで生まれた商人のムハンマドを預言者として始まりました。瞑想していたムハンマドの前に天使が現われ、神の啓示を授けたとされます。それをまとめたのが『クルアーン（コーラン）』です。

厳しい戒律が並べたてられている『クルアーン』に、イスラム教徒たちは、疑うことなく従います。イスラム教徒の行動は『クルアーン』によって規定されているといってもいいでしょう。

『クルアーン』には、**生前の信仰によって、死後に地獄に行くか楽園（緑の園）に行くかが分けられる**と書かれています。その違いがいかに大きいかが劇画的に描写されます。

見よ、このザックームの木（地獄のどん底に生える怪木）、これが罪ふかい者の食物。どろどろに熔かした銅のように腹の中で煮えかえり、熱湯のようにぐつぐつ煮え立つ。「この者を連れて行って、地獄の真只中に曳きずり込め。熱湯の責苦を頭からざあっとあびせかけよ。」「さ、とくと味わうがいい。まったくお前は偉い、立派なお方。これこそお前らが（現世で）疑っていたもの。」

だが敬虔な信者たちだけは安全なところに置いて戴ける。見はるかす緑の園、湧き出す泉。絹や錦を身につけてみんな互いに向い合う。それからまた、つぶら瞳の美女たちを妻として与えよう。ここではどんな果物でも望み次第、なんの心配もありはせぬ。ここへ入ったからは、最初一遍死んだだけでもう二度と死の苦しみをなめることもなく、地獄の責苦からは（アッラー）が守って下さる。みんな神様の思召し。まことに、これこそ大した儲けもの。

（井筒俊彦訳）

両者を分けるのは、アッラーの存在を信じ、その言葉に従っていたかどうかです。「立派なお方」というのはアッラーを信じなかった人を皮肉った言い方です。

「ある」と信じるということ

『クルアーン』では、地獄と楽園の様子が繰り返し語られます。裁きの場面は次のように描写されています。


これほどの主のお恵み、さ、そのどれを嘘と言うのか、お前も、お前も。

罪を犯した者は様子を一目見ればすぐわかる。みな前髪と足をむんずとばかり摑まれる。

これほどの主のお恵み、さ、そのどれを嘘と言うのか、お前も、お前も。

さ、これがジャハンナム（イスラム教の地獄）。罪ふかい者どもが嘘だ嘘だと言っていたもの。みなその（火）と煮えたぎる熱湯の間をめぐって行く。

これほどの主のお恵み、さ、そのどれを嘘と言うのか、お前も、お前も。

だが常日頃、主の御前に立つことを恐れて来た者には緑の園が二つもあって……
これほどの主のお恵み、さ、そのどれを嘘と言うのか、お前も、お前も。

緑の園が二つあるというのは、妖霊《ジン》のためのものと人間のためのものです。このあとには、「錦張りつめた臥牀《ねだい》に悠々と手足のばせば、二つの園にみのる果実は取り放題」といったように、緑の園がどんなところなのかが語られます。

過度の楽園イメージは、現実感覚をズレさせてしまう危険もありますが、たしかに、**楽園が待っていると信じられたなら、現世で死ぬのが怖くなくなる**かもしれません。

イスラム教は戒律の厳しい宗教です。しかし信者は、アッラーから授かった戒律を守っていれば、死後には楽園へ行けると考えます。そうした信心が強いために生き方がぶれないわけです。

証明できないことはすべて幻想だと否定することはできます。しかし、そうしてしまえば、イスラム教に限らず、多くの宗教が成り立ちません。

「ある」と信じることによって救われ、死の恐怖がなくなることが悪い方向につながらないのであれば、宗教としてはいいのだとも思います。

ブッダの旅、ブッダの言葉

仏教の開祖であるゴータマ・シッダールタは紀元前6～前5世紀頃にシャカ族の王子として生まれました。結婚して子供もつくったあと、家族や国を捨てて真理を求める旅に出ました。賢者に学び、苦行に励むなどしたのち、35歳のときにひとり菩提樹《ぼだいじゅ》の下で思索にふけり、悟りの境地に達します。

仏教には神が存在しません。ゴータマ・シッダールタは仏陀（ブッダ）と呼ばれることが多いのですが、**ブッダとは「目覚めた人」、「真理を悟った人」という意味**です。単にブッダというだけではゴータマ・シッダールタを指すとは限らないわけです。それでも一般にブッダといえば、このゴータマ・ブッダのことだと考えられる場合がほとんどです。

そのブッダは、自分の考えを広めようと旅をしました。入滅したのが80歳とされるので、およそ45年の旅です。その際の教えが仏教の基盤をつくっていくことになりました。ただし、仏教の教えがすべてブッダの言葉にもとづくものかといえば、そうともいえません。仏教が広まっていくなかで、古代インドの哲学なども取り入れられていったのです。六道輪廻の思想などもそうだと考えられています。

ブッダの入滅前後の言葉や様子が記されているのが大般涅槃経《だいはつねはんぎょう》（大パリニッバーナ経）です。日本では『ブッダ最後の旅――大パリニッバーナ経――』として本になっています。

死の影が近づきつつあった頃、ブッダは十大弟子のひとりで最後の旅にも随行していたアーナンダにこう告げます。

アーナンダよ。わたしはもう老い朽ち、齢をかさね老衰し、人生の旅路を通り過ぎ、老齢に達した。わが齢は八十となった。譬《たと》えば古ぼけた車が革紐の助けによってやっと動いて行くように、恐らくわたしの身体も革紐の助けによってもっているのだ。

しかし、向上につとめた人が一切の相をこころにとどめることなく一部の感受を滅ぼしたことによって、相の無い心の統一に入ってとどまるとき、そのとき、かれの身体は健全(快適)なのである。

それ故に、この世で自らを島とし、自らをたよりとして、他人をたよりとせず、法を島とし、法をよりどころとして、他のものをよりどころとせずにあれ。

(中村元訳)

自分の命はもうそれほど長くはないと感じているブッダは、自分が死んだあと、修行僧たちは、それぞれに自らを頼りにして法(ダルマ)をよりどころにすべきだと話していたのです。「体に気をつけ、世間における貪欲と憂いを除くべき」だという注意も与えていました。

壮絶な死を受け入れたブッダ

このあとにブッダは、鍛冶工の子チュンダに食事に招かれます。チュンダがきのこ料理を用意しているとブッダは、そのきのこ料理は自分がもらうので、修行僧たちには他の食べ物をあたえてほしいと言います。

そして「残ったきのこ料理は穴に埋めなさい。修行完成者（ブッダ＝自分）でなければ、それを食べて消化はできない」と付け加えるのです。

このときブッダは、チュンダが用意していたきのこがおかしいと察知していました。毒きのこだったのか、あるいは腐っていたのでしょう。しかしチュンダは悪意でそれを用意したわけではなく、知らなかったのです。

自分だけがそれを食べることにしたブッダは、激しい苦痛を伴う死に至る病にかかってしまいます。それでもなお、痛みに耐えながらクシナーラー（クシナガラ）を目指します。

きのこを食べたことでブッダが死の病にかかったのを知れば、誰かがチュンダを責め、チュンダは後悔の念を起こすかもしれません。そうならないようにブッダは戒めます。

アーナンダよ。鍛冶工の子チュンダの後悔の念は、このように言ってとり除かれねばならぬ。

〈友よ、修行完成者は最後のお供養の食物を食べてお亡くなりになったのだから、お前には利益があり、大いに功徳がある……〉

チュンダの用意したものを食べたことによってブッダは、煩悩のないニルヴァーナの境地に入れたのだから、それを導いたチュンダには功徳があるというのです。

自らの死を受け入れたブッダは、チュンダが罪の意識に苛まれないように、先のことまで考えていたということです。

ブッダの心の広さに打たれるエピソードです。

不正な死刑判決を受けたソクラテスが、脱獄のすすめも拒否して、静かに毒杯をあおって死んでいった姿とも重なります。

ブッダにしてもソクラテスにしても、並みの人間では真似ができない幕引きを見せてくれたといえます。ブッダと同時代に生きていた人たちが、ブッダについていきたいと考えたのもうなずけます。

すべての愛するものは別れにいたる

ブッダは死の間際に次のようにも話していました。

「やめよ、アーナンダよ。悲しむな。嘆くな。アーナンダよ。わたしは、あらかじめこのように説いたではないか、――すべての愛するもの・好むものからも別れ、離れ、異なるに至るということを。およそ生じ、存在し、つくられ、破壊さるべきものであるのに、それが破滅しないように、ということが、どうしてありえようか。アーナンダよ。そのようなことわりは存在しない」

自分の死を悲しむなというだけでなく、**この世に存在したもののすべてには終わりがあるということ**をあらためて諭そうとしています。最後に死が待っているのは、当たり前の理《ことわり》だと話しているのです。

「さあ、修行僧たちよ。お前たちに告げよう、『もろもろの事象は過ぎ去るものである。怠ることなく修行を完成なさい』と。」

　これが修行をつづけて来た者の最後のことばであった。


　自分の死を悲しむよりも、前を向いて大切なことをやりなさいという言葉を最後に残してブッダは入滅したということです。

　この書の最後にはブッダの遺骨（舎利《しゃり》）を八つと灰の部分に分けてストゥーパ（仏塔）を建てるまでのいきさつも書かれています。遺骨をしっかり祀《まつ》ってこそ果報（あとの世の報い）も残せるというのがブッダの考えだったと書かれています。

　しかしその一方で、アーナンダに対しては「お前たちは修行完成者の遺骨の供養にかかずらうな。どうか、お前たちは、正しい目的のために努力せよ」とも言い残していました。

　葬式や遺骨などには関与しないで、自分たちにとって大切なことを続けなさいと話していたわけです。私はこちらがブッダの本心だったと考えています。それでもアーナンダは遺骨を大事に扱い、供養したのです。

仏教では遺骨の供養を中心とする葬儀が行なわれます。それはこうしたアーナンダの行為に端を発するものだとも考えられます。

白髪になったからといって「長老」とはいえない

ブッダの教えのなかで、『法句経《ほっくぎょう》』として知られる「真理のことば」（ダンマパダ）と、ふと口にしたような「感興のことば」（ウダーナヴァルガ）をまとめた『ブッダの真理のことば　感興のことば』の中には、次のように書かれています。

「われらは、ここにあって死ぬはずのものである」と覚悟をしよう。——このことわりを他の人々は知っていない。しかし、このことわりを知る人々があれば、争いはしずまる。

（中村元訳）

人間は絶えず争いをしているけれども、**いつかは死ぬということを理解して覚悟して**

いれば、争いはなくなる。当たり前の理でありながら、その覚悟ができている人間が少ないから争いがなくならないということです。
この言葉のあとは次のように続けられています。

この世のものを浄らかだと思いなして暮し、（眼などの）感官を抑制せず、食事の節度を知らず、怠けて勤めない者は、悪魔にうちひしがれる。――弱い樹木が風に倒されるように。
この世のものを不浄であると思いなして暮し、（眼などの）感官をよく抑制し、食事の節度を知り、信念あり、勤めはげむ者は、悪魔にうちひしがれない。――岩山が風にゆるがないように。

悪魔とは、人間を不安にさせる存在です。欲望を駆り立てたり、脅したりして人の心を乱します。節制できていなければ悪魔に惑わされるのに対し、節制ができていれば惑わされないということです。

頭髪が白くなったからとて〈長老〉なのではない。ただ年をとっただけならば「空《むな》しく老いぼれた人」と言われる。

誠あり、徳あり、慈しみがあって、傷《そこな》わず、つつしみあり、みずからととのえ、汚れを除き、気をつけている人こそ「長老」と呼ばれる。

単に年をとるだけでは意味がないという指摘です。**徳や慈しみやつつしみなどが揃っていてこその長老**なのだというわけです。いまの時代にも当てはめられる言葉なので耳が痛い人もいるかもしれません。

これから超高齢化社会に入っていくなかでは、単に年長者だから敬えというのは通用しません。このことは誰もがよく認識しておかなければならないことだといえます。

頑張っても、老いと死とに粉砕される!?

ブッダは、**いつか必ず死ぬことを考えるなら、現世での財産や地位などに執着してい**

ても仕方がない、ということを繰り返し語ります。

「わたしは若い」と思っていても、死すべきはずの人間は、誰が（自分の）生命をあてにしていてよいだろうか？　若い人々でも死んで行くのだ。――男でも女でも、次から次へと――。

老いた人々も、若い人々も、その中間の人々も、順次に去って行く。――熟した果実が枝から落ちて行くように。

熟した果実がいつも落ちるおそれがあるように、生れた人はいつでも死ぬおそれがある。

男も女も幾百万人と数多くいるが、財産を貯えたあげくには、死の力に屈服する。

いくら財産を貯えても、最後には尽きてなくなってしまう。高い地位身分も終《つい》には落ちてしまう。結びついたものは終には離れてしまう。生命はついには死に至る。

そして、「無常」と題された第一章は次のように締め括られています。

「わたしはこれをなしとげた。これをしたならばこれをしなければならないであろう。」というふうに、あくせくしている人々を、老いと死とが粉砕する。

それ故に、修行僧らは、つねに瞑想を楽しみ、心を安定統一して、つとめはげみ、生と老いとの究極を見きわめ、悪魔とその軍勢に打ち克って、生死の彼岸に達する者となれ。

ひとつのことを成し遂げたあと、次を考えるのは、「自己実現」のためには必要とされる姿勢なのかもしれません。しかし、そうして気負っていても、やがて老いと死により粉砕されるとブッダは言い切っています。

頑張れというのではなく、「頑張るな」というメッセージです。ただし、頑張るなというのはあくまで自己実現や現世的な成功を求める部分を指しています。心を安定させるためにやるべきことはあるはずです。

生まれて死んでいくなかですべての理を学び、ニルヴァーナに達することを目指すのが仏教の核心といえます。

誰もがニルヴァーナに達することはできないかもしれません。それでも、死は必ず訪れるのだから生（現世での成功など）への執着は捨てるべきだとする考え方は、信仰心の有無を問わない重要なポイントです。

『往生要集』が描く地獄絵巻

平安時代に書かれた『往生要集』は、僧侶の源信による仏教書です。歴史教科書で知っている人は多くても、読んだことがある人は少ないのではないでしょうか。

天台宗の僧でありながら「浄土教の祖」として位置づけられている源信。彼の撰述による『往生要集』には、**トラウマになってもおかしくないほどのすさまじい描写**で地獄の様子が書き連ねられています。

禅画で知られる白隠禅師は、幼いときに聞かされた地獄の話が頭にこびりついて離れず、その恐怖を逃れようとして出家したといわれています（その修行が厳しすぎてノイローゼになったというのも有名な逸話です）。

このことは『往生要集』と無関係だとはいえません。日本に伝わる地獄のイメージはおよそ『往生要集』によってつくられたものだからです。

地獄には「等活《とうかつ》」、「黒縄《こくじょう》」、「衆合《しゅごう》」、「叫喚《きょうかん》」、「大叫喚《だいきょうかん》」、「焦熱《しょうねつ》」、「大焦熱《だいしょうねつ》」、「無間《むげん》」の八種があるとして、それぞれ詳しく解説されています。

たとえば等活地獄には、相手を傷つけようという気持ちをいだく罪人が集まっているので、罪人同士が摑み裂き合い、血や肉は尽きて、骨だけになっている、と書かれています。それだけでなく、地獄の番人である獄卒は、鉄の棒や杖で罪人を頭から足までくまなく打ち続けるので、体はばらばらに砕けてしまうといいます。さらに鋭い刃で料理人のように肉を切り裂くこともあるそうです。

それで終わりになるのかといえばそうではありません。風が吹いてくると体は元に戻るので、終わりなくそうした苦しみを味わうことになるのです。**地獄では人間世界の50**

年を一昼夜として500年の寿命が続くというのですからたまったものではありません。

また、地獄の眷属《けんぞく》の別処も挙げられています。そのひとつが「屎泥処《しでいしょ》」で、そこには熱された泥のような糞便があり、罪人はそれを食べなければなりません。それが終わると今度は、金剛のように堅いくちばしをもった虫についばまれ、皮膚は破かれ、肉を噛まれ、骨を砕かれ、髄液まで吸われるというのです。なんとえげつない描写でしょうか。

そうして地獄の様子が示されたあとに浄土の様子が示され、「十たび念仏すれば往生できる」と説かれます。

それだけではなくブッダの言葉にも通じる「無常観」も書かれています。

富める者、いまだ必ずしも寿《いのちなが》からず、寿き者、いまだ必ずしも富まず。或は昨《きのう》富みて、今《きょう》貧しく。或は朝《あした》に生まれて、暮《ゆうべ》に死す。故に経に言《いわ》く、
出づる息は入る息を待たず、入る息は出づる息を待たず。ただ眼前に楽去りて哀《かなしみ》来るのみにあらず。また命終に臨んでは、罪に随ひて苦に堕つ。
と。

（石田瑞麿訳）

財に恵まれたからといって長生きできるとは限らず、長生きできたからといって財を貯えられるとは限らない。昨日恵まれていても、今日は貧しくなることもある。朝生まれて夕方に死ぬこともある、というのですから厳しい言葉です。そして、命が尽きれば罪にしたがい苦しみに沈んでいくのだとお経にも説かれているというのです。

浄土を語る悲しみと甘さ

日本文化研究の泰斗であった哲学者の梅原猛さんは、『地獄の思想　日本精神の一系譜』の中で『往生要集』についても解説しています。

源信の『往生要集』をもとにして書かれたという聖衆来迎寺《しょうじゅらいこうじ》の六道絵には、嵯峨天皇の皇后、あるいは小野小町がモデルであるといわれる美人の死骸図がある。多くの男の心を悩ました絶世の美人が、どんなにきたなく腐りはててゆくかということを、この絵は克明に描いている。

源信が美しい浄土を語れば語るほど、その言葉はかえって悲しみとなって返ってくるかのようである。この情念には悲しさと同時に甘さがある。この悲しみと甘さが、私には日本的センチメンタリズムの原型であるかに思われる。この感情にもとづいて多くの和讃が作られ、それがまた浄瑠璃にもなり、小唄にもなり、歌謡曲にもなる。源信は、このような日本的情念の原型を作り出したという点においても、偉大である。

私たちが地獄や浄土と聞いたときに思い浮かべる光景は『往生要集』によるところが大きく、その影響は日本人の感情にも文化にも脈々と継がれているということです。同書では、次のようにも解説しています。

源信はいう。阿弥陀浄土全体を想像することは困難であろう、したがって阿弥陀仏のみを想像せよ。阿弥陀仏全体を想像することは困難であろう、したがって阿弥陀仏の白毫《びゃくごう》を想像せよ、その白毫のなかにどんなに美しい色が、どんなに輝かしい光がかくれていることか。純粋な仏の白毫に心を集中することにより、心を落ち着けようとするわけである。これははなはだ天台的な心の静止法である。できるだけ清いもの、できるだけ小さいものに心を集めよう。そしてこのことにより、心を落ち着け、心をきたないものから離れさせ、心をきれいにしようとするわけである。
このように源信が、念仏をすすめるのも、けっきょく死のときの用意のためである。

源信が示した地獄と極楽の思想は、私たちを脅すことを目的にしているのではありません。人間に「苦悩の深さ」を教え、死の不安から救い出し、「死のときの用意」をさせようとしているのです。梅原さんは言います。

死はなによりも人間に耐えがたい。自分がまったくの無に消えていくこと、それほど耐えがたいことはない。その人間に浄土教は、永劫に生きられる未来の浄土への希望を与えた。死ぬことを往生というのは、人間にたいするあまりにも愛に満ちた知恵であるかにみえる。

死の不安を打ち消すために宗教があるとはまさにこうしたことです。無から生まれて無に還ることを受け入れにくいのであれば、このような教えが救いになります。

『逝きし世の面影』に見る日本の葬儀

私たちの生活に密着してきた仏教。日本人の死生観にとって葬儀やお盆といった仏教行事が、どんな意味をもっていたかも見ておきたいと思います。

在野の日本思想史、歴史研究者として数々の成果を挙げてきた渡辺京二さんが、幕末から明治に日本を訪れた外国人たちの書き残した日記などを検証した『逝きし世の面影』は、この頃の日本人の暮らしぶりが、外国人の目にどう映っていたかを知ることができる一冊です。

その中では葬儀の様子が描かれた箇所がありますが、当時の葬儀の参列者たちが悲嘆にくれていたばかりではないのがわかります。

アメリカの女性教育者であるアリス・ベーコンは、同書の中で次のように証言しています。

「葬式の行列は印象深い見ものだ。しかも知識のない外国人の目には陽気な光景である。参列者の白い衣や明るい色の着物、僧侶の衣、白布と金で飾られた棺、高く掲げられた赤や白の旗、陽気な色の沢山の花束には、悲しげで陰気なものは何もないからだ。白い絹の装いをした会葬者は見たところ一向悲しそうな顔つきに見えず、西欧人の心には行列の目的がまったく思い浮かばない。それは葬列よりむしろ婚礼の行列のように見える」

この頃の日本の葬儀は、当時の訪日外国人たちにとってそれほど異質に見えていたことでしょうが、いまの私たちからしても奇異な印象は残ります。その絢爛さはメキシコの「死者の日」を思い起こさせるほどです。
神社の祭礼などの賑やかさについても、「日本人は世界一遊び好きの国民で、宗教まで遊びの対象とするというのが彼ら（欧米人観察者）の実感だった」と書かれています。

先祖を迎えるお盆は心愉しい

日本人がどのようにお盆を過ごしていたかについては、昭和初期に作家として活躍した杉本鉞子《えつこ》の『武士の娘』を読むとよくわかります。著者は、文字通り武士の娘として旧越後長岡藩の家老の家に生まれ、厳しい教育を受けて育ちました。アメリカに渡った婚約者を追って自身も海を渡り、在米中に英語でこの本を書いています。

盂蘭盆《うらぼん》はご精霊さまをお祀りする日で、数々の年中行事の中で、一番親しみ深いものでありました。ご先祖さまはいつも家族のことをお忘れにならないものと思い、年毎《としごと》にみ魂《たま》をお迎えしては親しみを新たに感じさせられるのでありました。

（大岩美代訳）

盂蘭盆とは現在のお盆のこと。**み魂（御霊）に対して親しみをもつことができるのがお盆**だったというわけです。年中行事のなかでも親しみ深かったというように、楽しげに準備を進める様子も綴られています。茄子と胡瓜でつくる「精霊馬《しょうりょうま》」をこの頃からやっていたこともわかります。

街中が暗く静まりかえり、門毎に焚く迎え火ばかり、小さくあかあかと燃えておりました。低く頭をたれていますと、まちわびていた父の魂が身に迫るのを覚え、遥か彼方から、蹄の音がきこえて、白馬が近づいてくるのが判るようでございました。迎え火の燃えつきるその瞬間、八月のあたたかい夕風が頰をかすめますと、私の心の中にはなごやかな思いがしのびよるのでございました。頭を下げたまま静かに立上がった私達は二列のままで道の両側を歩んで引きかえしました……真中はお精霊さまがお通りになれるように。仏前へ参りますと、母が鉦をならし、一同なつかしい客を迎えた喜びの中にも、厳《おごそ》かな気持で頭をたれました。前年とくらべますと、家の中はずっと無人になっていましたので、み魂をお迎えしたことは、またない大きな喜びでございました。

先祖を迎えるときには「なつかしい客を迎えた喜び」と「厳かな気持」があったというのです。お盆のあいだは虫も殺さないようにしていたともいいます。いかに大切な宗教行事であったかがわかります。

現代では、お盆といっても、里帰りする時期というくらいの感覚しかない人が増えているのではないでしょうか。しかし、ここに書かれた**お盆の過ごし方にこそ、日本人の宗教観と生活を結びつける原風景が見られる**気がします。

家に仏壇があれば、先祖は常にそこにいてくれるようにも感じます。それでもお盆になれば、さらに実体に近い先祖が戻ってくるような感覚になれるのです。それによって喜びに満ちる……。それが日本人に沁み込んでいる伝統といえます。

ニルヴァーナは〈場所〉ではない

この世とあの世は行き来できるのか。
浄土についてはどうイメージすればいいのか。
そんな問いを発することで、死に対する考え方も変わってきます。
前章で紹介した『神話の力』の中でキャンベルは、仏教についても言及しています。

仏教は心理学的な宗教です。それは、苦悩という心理的な問題から出発する。すべての生は悲しみに満ちている。しかし、悲しみから逃れる道がある。逃れる道とはニルヴァーナである。ニルヴァーナは精神の、ないしは意識の状態であって、天国のような〈場所〉ではありません。それはいまここに、ごちゃごちゃと騒がしい人生の真っただ中に存在するのです。それは、もはや欲望や、恐怖や、社会的なしがらみに駆り立てられないあなたが――自己の自由の中心を見つけ、そこでの選択に従って行動できるあなたが――見いだすであろう心の状態です。

この論に拠れば、**仏教におけるニルヴァーナは、「あなたがたのただ中にある」とイエスが言った神の国とも考え方が似ているといえそうです。**

キャンベルは、悟りに至るためには「現世の利益を願い、それらを失うことを恐れる心から、完全に脱却」する必要があるとも話しています。

死んだら極楽浄土に行きたい、天国に行きたいと願い、宗教にすがる人は多いのでしょう。しかし、ただ頼れば救われるというわけではありません。多くの宗教では、悟りの境地を目指すような心の鍛錬が求められるものなのです。

ヒンドゥー教とヨーガ

仏教における輪廻転生は、インド哲学、あるいはヒンドゥー教の考え方を取り入れたものだといえます。

インド学者の森本達雄は、ヒンドゥー教を解説した『ヒンドゥー教——インドの聖と俗』で次のように書いています。

輪廻説によれば、死によって肉体を離脱した霊魂は、しばらくは天界にとどまって幸福な時を過ごすが、やがて地上での業（果報）が尽きると、ふたたび貧窮困苦・愛別離苦の火宅の現世にまいもどらなければならない。

人の求める権力や知識や富には果てしがなく、生死のめぐりは、あたかも行き着くあてのない旅路のようなものである。このことに気がつくとき、生死の連鎖、輪廻転生そのものが束縛として、苦痛として人の心に重くのしかかる。

そこで古《いにしえ》の賢人たちは、業・輪廻の絆から逃れ、生死を超越した永遠の安住の地、究極の理想郷への脱出を切望するようになった。そして彼らは、その解放された至福の状態を「解脱（ムクティ）」と呼んだのである。

ここでいうムクティにしても、やはり場所ではなく、精神的な到達地点だといえます。

多くの宗教が示そうとしているのは、幻想としての空間なのではなく、心の修養のあり

方だともいえそうです。

同書の解説では、

現代のスヴァーミー（尊師）は、「解脱とは、人間が宇宙意識との合一を実感したときに生じる、究極の至福である」と表現している。「宇宙意識との合一を実感する」とは、個我の塊であるアートマンが、宇宙の根本原理であるブラフマンに帰入する、いわゆる「梵《ぼん》我《が》一如《いちにょ》」を指すことは言うまでもない。ここにおいて、人は完全に輪廻の束縛から解放されると、神は約束する。

ブラフマン＝「梵」とアートマン＝「我」が同一であるとするのが梵我一如です。ブラフマンは不滅なので、それと同一であるならアートマンも不滅になります。そうであれば、肉体の死は終わりを意味しないことになります。そう聞いてもなかなかピンとはこないと思いますが、そこに悟りの境地があるわけです。

ヒンドゥー教の聖典のひとつ『バガヴァッド・ギーター』には、「梵天《ブラフマー》の世界に至るまで、諸世界は回帰する。……しかし、私に到達すれば、再生は存在しない」と書かれています。

解脱するのは簡単なことではないので「多生を経て達成」を目指していいものとされています。一生をかけて前進できたなら、それが次の人生での出発点になります。

ただし、**今世で業を重ねた場合には、来世では後戻りすることもある**という考え方です。こうした生き方が求められたために、輪廻思想が必要とされたのではないかという見方もできます。

輪廻思想を寓話といってしまうこともできますが、生き方の指針を示してくれるものだともみなせます。

日本では健康法の一種と考えられがちなヨーガにしても、本来は解脱を目指す手段でした。ヨーガという言葉には「精神と肉体を制御・統一してブラフマンと結合する」という意味があるのです。

ヨーガは「ジュニャーナ・ヨーガ（知識による道）」、「カルマ・ヨーガ（行為による道）」、「バクティ・ヨーガ（信愛による道）」、「ラージャ・ヨーガ（身心統一による道）」という四種に分けられます。

さらに、

バクティ・ヨーガは、大衆信仰の擡頭《たいとう》という時代の要請に応えた新しい実践法《ヨーガ》であった。この教義は、ヒンドゥー教の歴史上カルマ・ヨーガ以上に画期的な、というより革命的な福音であった。その説くところの要諦は、法然、親鸞、日蓮など、わが鎌倉新仏教の祖師たちの教えに類似しており、われわれ日本人には、知識や行為による道よりもはるかにしたしみやすく、理解も容易であろう。

知識や行為のヨーガ（ジュニャーナ・ヨーガやカルマ・ヨーガ）が、仏教でいえば修行や難行が求められる「自力」に近いのに対して、自己を放擲《ほうてき》して神に帰依するバクティ・ヨーガは「他力」的な考え方に近いということです。

浄土信仰でいう他力は、一切の衆生を救おうとする阿弥陀仏の力のことで、その力を信じて導きに任せるのが「他力本願」です。バクティ・ヨーガも神の恩恵にあずかり解脱しようとするものなので、たしかに似ています。

大きなものと「合一」する宗教的経験

「ともかくもあなたまかせの年の暮」

小林一茶にこんな句があります。

ここでいう「あなた」は阿弥陀如来のこと。「阿弥陀様の思し召しにお任せします」、つまり、他力本願の心をあらわした句といえます。

こうした心のあり方は、死の恐怖を克服するにはきわめて有効です。

ヒンドゥー教でも、ブラフマンとつながっているという感覚をもつことにより死の不安を超越できるとされます。**自分が大きな存在の一部だと考えられたなら、怖さは抑えられる**からでしょう。

宇宙の営みのなかで生と死が繰り返されているにすぎない、という気持ちになれたなら、個という意識の束縛からは逃れられるのです。

ウィリアム・ジェイムズの『宗教的経験の諸相』には、宗教というものがどうしてこれほど人間を魅了するのかが書かれています。

彼のより低い存在が難破して砕け散ってしまったときに、辛うじてそれにしがみついて、救われることができるようなものである。

（桝田啓三郎訳／傍点原文）

ちっぽけな自分自身が何かにぶつかりバラバラになってしまっているようなとき、大きなものにしがみつき、自分を見失わないで済むことがある。宗教にはそういう意味があるのだということです。

宗教的経験が明らかに証明している唯一の事柄は、私たちが私たち自身よりも大きい或るものとの合一を経験しうること、そして、この合一のなかに私たちの最大の平安を見いだしうるということである。

梵我一如や他力本願もまさにそうだといえそうです。**より大きなものと合一することによって心の平安を見出せる**のが人間なのかもしれません。

永遠とエクスタシー

早熟の天才詩人アルチュール・ランボーには「永遠」という詩があります。その詩はこう始まります。

また見つかった、
何が、
永遠が、
海と溶け合う太陽が。

（小林秀雄訳）

ここでランボーは、自己の意識として閉じてしまうのではなく、永遠と感じられる海や太陽に向けて自分を開いています。

こうした感覚こそが「脱自」（エクスタシー）と呼ばれるものではないかという気がします。自己の意識として閉じてしまうのではなく、自分という枠を脱して永遠とつながっていく。そこにはやはり宗教的経験に近いものがあります。

自己意識を内側に閉じ込めたまま死んでいくのを望むのなら、それはそれで悪くないとは思います。しかし、**死とは自己意識から解放されること**をも意味します。そうであるなら、あらかじめ開いておくのは理想的なあり方です。

私たちにしても、エクスタシーと無縁で生きているわけではありません。たとえば山登りをする高齢者は、体だけでなく精神も健康なのだと思います。高い場所から空を眺めて、「ほおう」と感嘆の声を出すときには、自己意識を解き放つことができているはずです。

これもまた、宗教的経験のひとつです。

現世にありながらニルヴァーナと呼ばれるような地点に近づく方法は、さまざまにあるのです。

第4章　死の瞬間を表現する

——文学と死生観

『死者の書』に見る生への執着

国文学者・民俗学者・歌人として名高い折口信夫《おりくちしのぶ》の『死者の書』は、近代日本文学の最高傑作のひとつに数えられることも多い幻想小説です。

飛鳥時代の皇族で、謀反の疑いをかけられ非業の死を遂げた大津皇子《おおつのみこ》の亡霊が現われて、ひとりの姫とまみえるこの作品。「した　した　した」という岩肌をしたたり落ちる水音のオノマトペが印象的な冒頭、大津皇子が暗闇の中で目覚める場面は、次のように描写されています。


おれは活《い》きた。

闇《くら》い空間は、明りのやうなものを漂《ただよわ》してゐた。併《しか》し其《それ》は、蒼黒い靄《もや》の如く、たなびくものであつた。

巌《いわお》ばかりであつた。壁も、牀《とこ》も、梁《はり》も、巌であつた。自身のからだすらが、既に、巌になつて居たのだ。

屋根が壁であつた。壁が牀であつた。巌ばかり――。触つても触つても、巌ばかりである。手を伸すと、更に堅い巌が、掌に触れた。脚をひろげると、もつと広い磐石《ばんじゃく》の面《おもて》が、感じられた。

纔《わず》かにさす薄光りも、黒い巌石《がんせき》が皆吸ひとつたやうに、岩窟《いわむろ》の中に見えるものはなかつた。唯けはい――彼の人の探り歩くらしい空気の微動があつた。

思ひ出したぞ。おれが誰だつたか、――訣《わか》つたぞ。

おれだ。此《この》おれだ。大津の宮に仕へ、飛鳥の宮に呼び戻されたおれ。滋賀津彦《しがつひこ》。其が、おれだつたのだ。


暗いばかりの岩窟の中で目が覚め、最初は自分が誰なのかもわからなかった大津皇子は、現世との関係は絶たれており、誰からも自分のことは忘れられているのだろうと自覚します。

次のように叫ぶ場面もあります。


おれには、子がない。子がなくなつた。おれは、その栄えてゐる世の中には、跡を貽《のこ》して来なかつた。子を生んでくれ。おれの子を。おれの名を語り伝へる子どもを――。

怨念をもち、この世に未練を引きずっているゆえの訴えです。古代の信仰がどんなものだったかが垣間見えるだけでなく、生への執着がどんなものかと考えさせられます。古今東西を問わず、「死」は文学における主要なテーマであり続けてきました。死んだあとに甦ったらどうなるのか、生きていた世の中の続きは気になるのか……。こうしたテーマはさまざまな作品で、形を変えながら繰り返し描かれてきたものです。私たちはそういった作品に触れることで、自らの死生観を養ってきたといえるでしょう。

一日でも早く死にたくなるほどの苦痛

フィクションではなく、リアルすぎるほどリアルに死への道程が描かれた作品もあります。闘病記的な意味合いが強い、正岡子規の随筆『病牀六尺《びょうしょうろくしゃく》』もそうです。

その苦《くるしみ》その痛《いたみ》何とも形容することは出来ない。むしろ真の狂人となつてしまへば楽であらうと思ふけれどそれも出来ぬ。もし死ぬることが出来ればそれは何よりも望むところである、しかし死ぬることも出来ねば殺してくれるものもない。一日の苦しみは夜に入つてやうやう減じ僅《わず》かに眠気さした時にはその日の苦痛が終ると共にはや翌朝寝起の苦痛が思ひやられる。寝起ほど苦しい時はないのである。誰かこの苦を助けてくれるものはあるまいか、誰かこの苦を助けてくれるものはあるまいか。

長く結核を患っていた子規は、結核菌が脊椎にまわり、脊椎カリエスを発症していました。その痛みがよほどひどかったようです。死ぬるのが何よりの望みだが、死ぬこともできなければ殺してくれる者もない、そんな悲痛な叫びをあげています。

この記録は、死の2日前まで4か月以上にわたって綴られています。逃げ出したいほどつらいなかで、**苦しみをそのまま言葉にすることで、意識をもたせていた**部分もあったのかもしれません。

正岡子規は満35歳になる直前に亡くなりました。結核になってからは7年でした。

別の随筆集『墨汁一滴』では、みずから閻魔《えんま》を訪ねていく場面が夢想されています。

「私は根岸の病人何がしであるが最早御庁よりの御迎へが来るだらうと待つて居ても一向に来《こ》んのはどうしたものであらうか来るならいつ来るであらうかそれを聞きに来たのである」と談判に行くのです。

すると、傍にいた地蔵が、10年ばかり寿命を延ばしてやってはどうかと提案してきたので、子規は慌てて訴えます。


「滅相なこと仰《おっ》しやりますな。病気なしの十年延命なら誰しもいやはございませんん、この頃のやうに痛み通されては一日も早くお迎への来るのを待つて居るばかりでございます。この上十年も苦しめられてはやるせがございません」

とにかく一日も早くお迎えにきてほしいというわけです。やまない激痛のなかで、このようなユニークな表現ができているのは、さすがは子規といったところ。
いまの自分が苦しいと感じている人でも、こうした文章を読めば、**自分はまだ恵まれているほう**だと感じることもあるのではないでしょうか。

とまれ。おまえはじつに美しい

死生観を問う世界的名作として、ゲーテの『ファウスト』があります。

おれがある瞬間に向かって、
「とまれ。おまえはじつに美しいから」と言ったら、
きみはおれを鎖で縛りあげるがいい、
おれはよろこんで滅びよう。
葬いの鐘が鳴りわたって、
きみは従者の任務から解放される。
時計はとまり、針がおちる。

おれの一切は終わるのだ。

（手塚富雄訳）

物語の主人公であるファウスト博士は、あらゆる学問を修め、世の中のことを知りすぎたために、もはや人生に退屈を感じています。

絶望の挙げ句自殺を図ろうとしたファウストの前に突然現れた悪魔メフィストフェレスは、ある賭けを持ちかけます。これから自分は世の中のすべての快楽をあなたに味わわせる。

それに対してファウストは「とまれ。おまえはじつに美しいから」と口にしてしまうほどの感動があれば、そのときは喜んで魂を差し出す、と。

言い出したファウスト自身、そんなことは起こりえないと自信をもっていました。

しかし、結果はファウストの思惑とは違ったものになるのです。

物語のクライマックスで、人々が幸せに暮らせる「楽園」の開拓を夢想します。

こうしておれは何百万人のために土地を開くのだ。
安全ではないが、働いて自由に暮らしてゆける土地だ。
野は緑におおわれて、実りもゆたかだ。勇敢で勤勉な
民衆の築いた、強力な堤防にまもられて
この若々しい陸地にたちまちに、
喜び勇んで人畜が居つく。
よしや外では怒濤がたけって岸壁めがけて打ってかかろうと、
内部のここは楽園のような土地なのだ。
そしてもしも海の潮が岸を噛みくだいて力ずくで押し入ってきたら、
人々は心を協《あわ》せて、その裂け目をふさごうと駆けつける。
そうだ、この自覚におれは全心全霊を捧げる、
それは人智の究極の帰結で、こうだ。
およそ生活と自由は、日々にそれを獲得してやまぬ者だけが、
はじめてこれを享受する権利をもつのだ。

だからここでは、子供も大人も老人も、
危険にとりかこまれながら、雄々しい歳月を送るのだ。
おれはこういう群れをまのあたりに見て、
自由な土地に自由な民とともに生きたい。
そのとき、おれは瞬間にむかってこう言っていい、
「とまれ、おまえはじつに美しいから」と。
おれの地上の生の痕跡は、
永劫を経ても滅びはしない、——
こういう大きい幸福を予感して、
おれはいま最高の瞬間を味わうのだ。

ここでファウストは倒れます。

実はこのとき、ファウストはすでに失明していました。耳にした音を槌音と勘違いしたことから「とまれ、おまえはじつに美しいから」と口にすることを決意したのです。

いままさに民衆が土地を切り拓いているのだと思い込み、その土地に幸福な時間が訪れると確信したからです。

人が欲するのは、天上的な快楽などではなく、生きる意志をもった人たちと、ともにあること、また自分が未来の創造へたしかに手を貸していると実感できることなのかもしれません。

この作品においてゲーテは、人は自分の魂を奪われても悔いがないといえるほどの瞬間を求めているのではないかと問いかけているのです。

霊魂不滅説を信じるより大切なこと

ゲーテと深く交流していたエッカーマンがまとめた『ゲーテとの対話』を読めば、ゲーテの考え方がよくわかります。

エッカーマンに対してゲーテは、キリスト教は哲学を超越しているのだから哲学の力を借りる必要がなく、哲学もまた霊魂不滅説を証明するために宗教に頼る必要はないと話して、こう続けています。

「私にとっては、われわれの霊魂不滅の信念は、活動という概念から生れてくるのだ。なぜなら、私が人生の終焉まで休むことなく活動して、私の精神が現在の生存の形式ではもはやもちこたえられないときには、自然はかならず私に別の生存の形式を与えてくれる筈《はず》だからね」

（山下肇訳）

死に至るまで活動できているかが鍵を握っているのであり、それができているなら次のことは考えていなくとも、おのずと次が導かれるということです。

この言葉にエッカーマンは激しく感動します。

私の胸は、驚嘆と敬愛の情に思わず高鳴った。私は思うのだが、これほどまでに人を気高い活動へとうながすような教えは、いまだかつて語られたこともなかったほどである。なぜなら、永遠の生命の保証が見いだせるとしたら、人は誰でも、死に至るまで倦まず活動し、行動することを望むであろうから。

ゲーテの考え方でいけば、**最後の最後まで「ｉｎｇ」でいて、何かを達成しようとしているのであれば、その時点で死を克服できていることになります。**

こうした考え方は『ファウスト』という作品の中でも生かされています。ファウスト博士は結局、多くの人たちのための新たな土地が拓かれていくのなら自分の魂は滅びないと考え、死を選んだようなものだったからです。

宮沢賢治の童話『グスコーブドリの伝記』も似たところがあります。自分が犠牲になっても共同体のために何かをしたい。その思いから主人公が自らの命を捧げる作品でした。

自分が生きてきたことに意味をもたせることによって、死の恐怖をやわらげる。

物語の主人公たちのように、自らの命まで投げ出す必要はもちろんありませんが、こうした考え方はさまざまなかたちで実現できるはずです。

世界は感動にあふれている

この本を手に取っていただいているのは50代や60代の方が多いと思います。そういう年齢になって、「時よ、とまれ」と叫びたくなるような感動の瞬間があるでしょうか?

この2週間のうちにあったかどうかと考えてみてください。なかなか思いつかない人も多いのではないかと予想されます。しかし大げさに考えなければ、**身を打ち震わされるような感動は、日常生活の中でさまざまなところに見つけられる**ものです。実際私は、日々感動に出合っていると言い切れます。

たとえば私は、毎日夢中になってさまざまなスポーツを見ています。テニスやサッカーを中心にしながらも、バドミントンや卓球の世界大会も見逃しません。春夏の甲子園大会は毎年、全試合を録画して見ています。

ジャンルを問わず、それぞれの試合は感動に満ちあふれています。一生に一度できるかどうかというようなプレーが見られたときには「時よ、とまれ」と言いたくなります。大事な場面でのミスがあれば、切なすぎて胸が痛みます。どちらの場合にしても、「ああ」と、ため息がもれます。

スポーツでなくてもかまいません。

たとえば私たち日本人は、富士山を見たときに感動します。

富士山は、いちど見れば気が済むものではありません。いつ、どの方角から見るか、あるいはかかっている雲の形によって見え方がまったく違ってくるので、**同じ富士山は二度と見られない**。**一期一会**です。

私は静岡市生まれで、視界の中にはいつも富士山がありました。当然慣れっこになり、なんとも思わなくなっていました。

ところがあるとき、所用で訪れた御殿場のレストランで食事をしたのですが、ちょうど富士山が目の前に広がる席に着きました。なんとなく眺めていると、富士山が刻一刻と姿を変えていくのです。その一瞬一瞬の富士山の輝きの美しさに、私はまさしく「時よ、とまれ」と言いたい心持ちでスマホカメラのシャッターを押し続けました。

哲学者の大森荘蔵は「天地有情《てんちうじょう》」と表現しました。

天地と私たちの感情は、切り離すことはできない。うっそうとした森の中にいれば、気分もうっそうとする。私たちの気分や感情は、天地と不可分なのです。

いま見ている情景の中に自分がいると認識するのが重要だということです。そのことが生きている高揚感につながります。

ゴッホが太陽の下で黄色く輝く麦畑を見たときには、自分の中で時を止めようとしたはずです。だからこそ、その麦畑を表現するのにふさわしい黄色を探しました。それを見つけたゴッホが描いた『麦畑』を目にすれば、私たちもまたゴッホが止めた時間を感じることができます。

サン・ピエトロ大聖堂にあるミケランジェロの『ピエタ』像やルーブル美術館の『モナ・リザ』を見ても、永遠を目にしたような感動が味わえます。モーツァルトの曲を聴いているときなどもそうです。どうして⁉と驚かされるほど天才的な曲想が連なっています。

もっと身近なところにも感動はあります。インターネットを検索していて、懐かしい昭和の映像を見つけたときなどもそうです。

最近私は、藤圭子が『みだれ髪』を歌う動画を見つけたときに感動しました。そのなかで藤圭子は、どこにでもいる主婦のような服を着てステージに出てきたあと、何かが降りてきたように歌い上げ、また何もなかったように日常的な姿に戻っています。

インターネットでは繰り返し見られる映像なのにもかかわらず、はじめて見たときは、やはり「時よ、とまれ」と言いたくなるほどでした。

こうした感動は世界にあふれています。**大切なのは、感動に反応できる心のやわらかさがあるかどうか**です。自分自身は天才ではなくても、奇跡のようなプレーや作品を目にすれば、自然に心は震えます。

「死んで下さい」と呼びかける最高の詩

太宰治に『散華《さんげ》』という、あまり有名でない短編小説があります。よほどのファンでなければ触れる機会の少ない作品ですが、こんな内容です。

太平洋戦争当時、太宰の家に出入りしていた文学青年たちのなかに、詩人志望の三田君という若者がいました。太宰は最初、彼の書いた詩については、あまり感心はしていませんでした。ところがこの三田君が出征し、戦地から太宰にハガキを送ってきます。そこに書かれていた短い文章を読んで、太宰はとても感動するのです。

御元気ですか。
遠い空からお伺いします。
無事、任地に着きました。
大いなる文学のために、
死んで下さい。
自分も死にます、
この戦争のために。

このハガキが届いてしばらくしたあと、太宰は三田君がアッツ島で玉砕したことを知ります。

戦況が悪化する中、このハガキを書いた時点で三田君は、玉砕を覚悟していたことでしょう。そのうえで太宰に対して、**「文学のために生きてください」**ではなく、**「死んで下さい」**とためらわずに言い切っていたのです。

太宰は、この言葉が「ありがたく、うれしくて、たまらなかった」といい、この短い便りを「最高の詩」と感じるまでになっていました。玉砕の報を聞く以前から「この年少の友人を心から尊敬する事が出来た」というのです。

三田君の文章は、文学を愛しながらも戦争で死ぬことを覚悟せざるを得ない状況において、生命の輝きを絞り出したようなものです。そこに彼の死生観が凝縮しているともいえるのです。

この短編は、全集に目を通していることで出合えるような作品です。5分ほどで読める短いものなのに、生というものに向き合って燃焼しようとしていた若い人の姿が浮き彫りになり、胸に迫るものがあります。

一種の官能を伴う魂の共感です。

このような共感があればやはり、「時よ、とまれ」と叫びたくもなります。

三田君の手紙を読んだときの太宰もそうなら、太宰の小説を読んだ私たちもそうなれるのです。

心に存在する、亡くなった家族

俳人・国文学者の加藤楸邨《しゅうそん》には『蛇苺《へびいちご》』という随筆があります。実を付けた蛇苺を見ると、亡くなった父を思い出す、という短い話です。

加藤の父親は筋のとおった男らしい性格でありながら「不遇な人」で、孤独な立場にあったといいます。よく、謡曲を歌っていた父が、いつも決まって同じところで精気を加えたように歌うことに、加藤は気がつきます。

『羽衣』という謡曲で、漁夫が羽衣を返してしまえば天人は天に上っていってしまうのではないかと疑ったときに、天人が答える場面です。

「いや、疑ひは人間にあり、天に偽りなきものを」

その歌詞を蛇苺に重ねて作者は冒頭でこう詠んでいます。

うたがひは人間にあり蛇苺

食べられはしなくても、味わいのある見た目をしている蛇苺なのに、物騒な名前を付けられたばかりに嫌な目を向けられがちです。そういうところに父親の生き方を重ねた部分があったのでしょう。

歳月を経て加藤は、自分が孤独を感じているときに「疑ひは人間にあり、天に偽りなきものを」と口にしていることがあるのに気がついたとして、こう書いています。

　そんな時、父がすぐそこにいるような気がするのだ。

ああ、とうなずきたくなる話です。

自分が年を重ねていくなかで、亡くなった家族のことがより深くわかったような気がする場合があります。この随筆でいえば、そういう気持ちを呼びおこしてくれるものが父親が歌っていた謡曲であり、孤独な蛇苺だということです。

何がそうした役割を果たすかはそれぞれだとしても、「人間が、他の人間の中に生きつづけるというのは、こういうことなのであろう」と加藤も書いているように、亡くなった人はそうして家族の心に存在し続けます。そうであるなら、生きていた証を残せているともいえるはずです。

死んでゆく日も帯締めて

最近亡くなった私のおばは、質素な生活を送るかたわら、家庭菜園を一生懸命世話していました。子供の頃からいろいろお世話になっていたので、私はお葬式にも行きました。

会場で香典を渡そうとしたのですが、ご主人は、遺言で誰からも香典などは受け取らないようにしていると言います。それどころか、やはり遺言で、おばが貯めていたお金が親戚に分けられました。

おばは倹約家でした。贅沢をしないでコツコツ貯めていたお金を、死後にそうして分けてくれたのです。

私は幼かった頃から、こんなに美しい心をした人がいるものなのかと思っていましたが、亡くなってもなお美しいままだったことに感動しました。ブッダのような聖人ではなくても、身の回りにそういう人がいる場合もあるのです。**肩ひじ張った死生観をもと**

うとしなくても、こうして静かに死を迎えるのもひとつの理想である気はします。

「日日是好日」で、晴耕雨読的な生活を続け、最期を迎えるにあたっても人に手間をかけさせないように気を遣う。そのうえ感謝の気持ちとしてお金まで残していったのです。

この美しさ、この穏やかさ。

最後までおばらしい真心を感じることができました。

これまでに私は、死生観に関わる本をずいぶん読んできました。考えてみれば、男性が書いたものが多く、力みのようなものが感じられることもありました。

本に限った話ではありません。「人生には何か意味があるはずだ！」、「自分が生きた証を残したい」といったことを考え、「死ぬなんてごめんだ」と大騒ぎしがちなのは男性のような気がします。

それに対して、私のおばに限らず、女性のほうが悠然と死を迎えるケースが多いと感じます。

個人的な考えですが、出産という経験も大きいのではないでしょうか。

出産は、女性にとっては大変なことです。新しい生を生み出しながら、自分自身は死に近づくほどの危険と隣り合わせになります。そういうところで**女性は無意識のうちに死生観が養われている**のではないかと思われます。

三橋鷹女《みつはしたかじょ》という女性俳人は、関東大震災の際、生後8か月の長男を抱いた状態で家屋の下敷きになり、救出されるまで数時間、そのままじっと耐えていたそうです。

それほどの経験をした彼女は、人生の最期に臨んではこんな句を残しています。

白露や死んでゆく日も帯締めて

恐れることなく落ち着いて死を迎えようとしている決意が察せられます。自分にはそうできるのかとあらためて問わざるを得ません。

この句が収められている句集のタイトルは、『白骨』です。後記に、「やがて詠ひ終る日までへのこれからの日々を、心あたらしく詠ひ始めようとする悲願が、この一書に『白骨』の名付せしめた」とあります。「白骨」は前向きな覚悟です。

『楢山節考』に見る母親の気高さ

日本人の死生観について考えさせられる文学作品のひとつに、深沢七郎の『楢山節考《ならやまぶしこう》』が挙げられます。映画化やドラマ化もされているので、知らない人のほうが少ないのではないでしょうか。

70歳を迎えた老人を山に捨てるという因習、「楢山まいり」に従って、息子が年老いた母を背負って冬の楢山へ置きにいく話です。

母親のおりんは、早くから楢山まいりに行く気構えをしていて、そのための準備も進めていました。高齢になっても丈夫に揃った歯を恥じて、自分で折ろうとさえします。

おりんは誰も見ていないのを見すますと火打石を握った。口を開いて上下の前歯を火打石でガッガッと叩いた。丈夫な歯を叩いてこわそうとするのだった。ガンガンと脳天に響いて嫌な痛さである。だが我慢してつづけて叩けばいつかは歯が欠けるだろうと思った。欠けるのが楽しみにもなっていたので、此の頃は叩いた痛さも気持がよいぐらいにさえ思えるのだった。

読むだけで痛みが伝わってきます。自分にこんなことができるかといえば、とても無理です。

おりんの息子の辰平は気がやさしく、なかなか楢山まいりに行こうとしないため、おりんは辰平を責めたてるように励まします。

おりんを山に置いて引きかえそうとした辰平は、雪が降ってきたことに気づいて様子を見に戻ります。

　辰平はそっと岩かげから顔を出した。そこには目の前におりんが坐っていた。背から頭に筵《むしろ》を負うようにして雪を防いでいるが、前髪にも、胸にも、膝にも雪が積っていて、白狐のように一点を見つめながら念仏を称《とな》えていた。

そうしておりんは死に臨もうとしていたのです。辰平がつい「おっかあ、雪が降ってきたよう」と声をかけると、「帰れ帰れ」というように手を振ります。

つらい話でありながらも、母親の気高さに感動させられます。

「山の音」に何を感じるか

高校生のときに読んで好きになった小説のひとつが、川端康成の『山の音』です。物語の序盤において、主人公である初老の男性、信吾は、月夜に「山の音」を聞いてしまいます。


鎌倉のいわゆる谷《やと》の奥で、波が聞える夜もあるから、信吾は海の音かと疑ったが、やはり山の音だった。

遠い風の音に似ているが、地鳴りとでもいう深い底力があった。自分の頭のなかに聞えるようでもあるので、信吾は耳鳴りかと思って、頭を振ってみた。

音はやんだ。

音がやんだ後で、信吾ははじめて恐怖におそわれた。死期を告知されたのではないかと寒けがした。

風の音か、海の音か、耳鳴りかと、信吾は冷静に考えたつもりだったが、そんな音などしなかったのではないかと思われた。しかし確かに山の音は聞えていた。

魔が通りかかって山を鳴らして行ったかのようであった。


大病をしてから自分の老いを自覚し、死の訪れに怯えていた信吾は、山が鳴ったことで、**死ぬ時期が告知されたような気がした**というのです。それは思い込みにすぎないのですが、似た経験がある人もいるのではないかと思います。

自然現象に触れたとき、何かを伝え聞いたようになる感覚は、日本人には文化の伝承として備わっている気がします。

魂をリアルに感じられるか

死んだあと、魂はどこへ行くのでしょうか？

考え方はいろいろあるなかで、そのうちのひとつに「山」が挙げられます。

柳田國男は『先祖の話』でこう述べています。

無難に一生を経過した人々の行き所は、これよりももっと静かで、清らかで、「この世」の常のざわめきから遠ざかり、かつ具体的に「あのあたり」と、おおよそ望み見られるような場所でなければならぬ。少なくともかつては、その様に期待せられていた形跡は、なお存する。

村の周囲の、ある秀でた峰の頂から、盆には「盆路《ぼんみち》」を刈り払い、または山川の流れの岸に「魂《たま》」を迎え、または川上の山から「盆花《ぼんばな》」を採ってくるなどの風習が、弘く各地の山村に今も行われているなども、その一つである。

「霊山の崇拝」は、日本では仏教の渡来よりも古い。仏教はむしろ、この「固有の信仰」を宣伝の上に利用したかと思われる。

柳田は霊山として知られる山の例を挙げながら、各地に残る行事を仏法と結びつけるのは難しい（つまり霊山の崇拝は仏教の渡来より早かった）としています。

山の多い日本では、自然に山岳信仰が生まれていたとしてもおかしくありません。神聖に感じられる山があるなら、魂はそこに帰っていくことが望まれます。山に登っていけば、自然と清い感覚になるので、それが信仰と結びついたのだとも考えられます。地域によっては海に帰っていくという信仰もあったはずです。

日本人にとって、魂＝「たましい」、「たま」は非常に重要な言葉になっていました。正月のお年玉にしても、新しい年に変わるときに魂が新しいものになるという考えの「年魂（としだま）」からきているという説もあります。

その魂をリアルに感じられなくなると、肉体が朽ちることがそのまま死に結びつくようになります。

そうすると、魂が帰ってくる、あの世とこの世を行き来する、といった感じ方はできなくなります。そのため、お盆に故郷に帰る風習は残っていても、先祖を迎える発想をもてなくなるわけです。

私はサモアに旅行したとき、家の前庭に墓があるのを見たことがあります。墓に対して「穢《けが》れ」といった感覚はまったくなく、生活の中に溶け込んでいるのが当たり前になっているようでした。そうして先祖と一緒にいることが自然なのだと思います。

霊的なものを遠ざけようとするほど、かえって死への恐怖は増していくものです。

魂の「むすび論」

霊に対する考え方では、何が正解なのかはわかりません。

折口信夫の弟子にあたる民俗学者の池田彌三郎は、谷川健一との共著『柳田国男と折口信夫』の中で興味深い話をしています。

池田は、神道を語るには「霊魂信仰」を問題にしなければ始まらず、魂＝たまを結んでつなぎとめる「むすび論」が折口学説の根底にあったのだと振り返ります。しかし柳田は、むすび論については「材料がないから支持できない」という立場をとっていたそうで、池田はあえて柳田を批判しながら次のように話しています。

霊魂を封じこめて、それを皆で食べることは、おむすびですからね。見る、聞く、食べるというのは鎮魂の技術なんです。たとえば正月に「白馬節会《あおうまのせちえ》」で白馬を引きますね、あれを見るということで「むすび」の行事が行なわれていると思います。単に見物して、ああいい馬だなんていっているわけじゃない、白馬の持っている霊魂を結びつけているんです。

手ですくって水を飲むこと、これも「むすび」です。「袖ひじてむすびし水の……」と歌にもあります。婚礼の儀式の時も、飯をもって共飲共食します、おむすびの形にしたもので。

対話者である谷川から「『むすぶ』ということの、いちばん根本は、体の中に魂を封じこめようということなんでしょうか」と問われると、こう答えています。

大和言葉でいえば「いはふ」ですね。「うつしいわい」なんて言葉があります。『神武天皇紀』では「顕斎」と書きます。斎というのは、魂をそこに鎮めてじっとさせておくということ、これが「むすび」の技術ですね。この部分を柳田国男に否定されると、折口信夫の古代観念がぜんぶ動揺してしまう。

池田によると折口は「男が旅に出る場合に妹《イモ》は自分の魂を離して、つまり分割して男に結びつける」とも考えていたそうです。

「魂」という概念があれば、旅に出るときについていく、伴侶のどちらかが先に亡くなったときには魂を残していく、といった発想も可能になります。実際のところ、現在でも日本人は、どこかでこうしたことを感じているのではないかという気がします。**魂はつなぎとめておける**、という考え方をすれば、ずいぶん気がラクになるはずです。

死者の魂は故郷に帰る

昔から日本人が魂の存在を感じていたのは間違いありません。

『万葉集』を代表する歌人として知られる大伴旅人《おおとものたびと》は、亡くなった妻への想いを込めた亡妻挽歌を10首以上残しています。

旅人は、60歳を過ぎてから大宰府に赴任し、都から伴ってきた妻がその後まもなく死んでしまっています。その旅人には次の歌があります。

龍《たつ》の馬《ま》も今も得てしかあをによし奈良の都に生きて来《に》む為《ため》

それに対する返しの歌が、次です。

龍の馬を吾《あれ》は求めむあをによし奈良の都に来む人の為

通常こうした歌は、誰かとやりとりした贈答歌だと考えられます。最初の歌では、送った相手が奈良の都にいるので、「天をかける龍の馬も欲しいくらいだ」と詠んでいます。それに対して相手は「奈良の都に来てくれる人のためにわたしが龍の馬を手に入れます」と返しています。

このやりとりについて、『万葉集』研究の第一人者である国文学者の中西進さんは『大伴旅人　人と作品』の中で「旅人一人が作者なのではあるまいかという勝手な解釈をしてみたくなる」と書いています。たしかに亡き妻とのやりとりを想定して、一人で書いたと考えても違和感はありません。中西さんは解説を続けます。

死者の魂は、肉体は死んでも生きて必ず故郷に帰るのだという、古代からの日本人に特有の死生観を考えるならば、死んだ妻は、旅人より先に奈良に帰っているのだとする考えが旅人にあったとしても不思議ではない。

この贈答歌を詠んだのが旅人ひとりだったかどうかは定かではありません。しかし、中西さんが指摘しているように、この二首は、**死者の魂は故郷に帰るという考え方**にもとづいて詠まれたものだとは考えられます。それが日本人の感性だったのです。

海は死にますか、山は死にますか

『万葉集』にはほかにも、亡くなった人のことを詠んだ歌で、霊魂への想いが感じられるものがあります。

鯨魚《いさな》取り　淡海《あふみ》の海を　沖放《さ》けて　漕ぎ来る船　辺《へ》附きて　漕ぎ来る船　沖つ櫂《かい》　いたくな撥《は》ねそ　辺つ櫂　いたくな撥ねそ　若草の　夫《つま》の　思ふ鳥立つ

倭大后《やまとのおおきさき》による天智天皇の挽歌です。この歌について、中西さんは次のように書いています。

鳥は霊魂を運ぶものだから、いまの鳥も天智の霊魂の宿ったものであり、天皇の魂と相呼応している鳥なのである。その鳥が飛び立たぬように、櫂よゆっくり漕げという。

この歌は、墳墓に葬る前の殯《もがり》の期間のものである。古代人は、死が魂の慰撫によって定まると考えたから、その殯の行事が必要だったのであった。

不思議なことに、すぐれた詩人はしばしば死に近く鳥を歌う。たとえば芭蕉が「この秋は何で年よる雲に鳥」といったのもおなじで、人間の霊魂が死後鳥となるという信仰は、信仰などというレベルを越えて、すぐれた直覚の人たちのもった生命観だったというべきかもしれない。

（『万葉の秀歌』）

鳥が霊魂を運ぶ、あるいは霊魂が鳥になるというのは一種の信仰といえます。しかし、そうした感覚は、**信仰という枠組みを超えて日本人の感覚として備わっていた**のではないかということです。例として挙げられている芭蕉の句は、秋の空を眺めていることで感じる「老い」を詠んだものです。雲間に目にしたという鳥が象徴的です。

『万葉集』には次の歌もあります。

稚《わか》ければ道行き知らじ幣《まひ》は為《せ》む黄泉《したへ》の使負《つかひお》ひて通らせ

山上憶良《やまのうえのおくら》の作ではないかと考えられているものです。古日《ふるひ》という幼い子の死を悼んだ歌で、「まだ幼いので、黄泉《よみ》の国（死後の世界）への道も知らないのです。贈りものをするので、あの世の使いよ、背負っていってください」という意味です。

『古事記』でも、死んだイザナミを追ってイザナギが黄泉の国へ行く話があるように、日本の神話の中で死者の世界とされている場所が黄泉の国です。

『万葉集』からもう一首、取り上げておきます。


鯨魚取り海や死にする山や死にする　死ぬれこそ海は潮干《しほひ》て山は枯れすれ

鯨を取る海は死ぬだろうか、あるいは山は死ぬだろうか、という問いに対して、「死ぬからこそ潮は引き山は枯れるのだ」と答えた作者未詳の歌です。

映画『二百三高地』の主題歌として有名なさだまさしさんの**『防人《さきもり》の歌』は、この歌をもとにつくられた**といわれています。

「意識の志向性」と魂の存在

『源氏物語』の中にも霊は出てきます。ただしそれは生霊です。

「葵」の巻で、光源氏の正妻の葵の上に恥をかかされ、恨んだ六条御息所《ろくじょうのみやすどころ》が、生霊となり妊娠中の葵の上を悩ませます。国文学者によると、日本の物語の中で生霊が登場したのはこれが初めてのことだそうです。

人間の心の本性は体から遊離することができるのではないかという考え方は古くからありました。生霊も死んだ人の霊も、どちらの存在も信じられていたのは確かです。

平安時代には霊の存在を前提にした風習や儀式などは日常的に執り行なわれていました、凶方位へ行かなければならない際に、別の方角へ向かって一泊し、翌朝別の方角から目的地を目指す「方違え《かたたがえ》」を行なっていたのも、吉凶禍福を司る神（霊的存在）がいることが前提になっていたのです。

人間の心の本性として、誰かのことを強く思えば、思念エネルギーのようなものが相手のもとへ行くような感覚をもつこともあります。戦争に行った息子の無事を祈る母親の想いなどもそうだといえます。

フッサールは〝意識には志向性がある〟と言っています。意識は何かに向かっていま す。少々飛躍しますが、人の想いのようなものを感じ取ることができるのは、あながちありえない話ではない気がします。

魂が存在すると考えたなら、肉体よりも魂が大事だと感じるようになるのは道理です。**肉体は朽ちても魂は朽ちないとすれば、肉体的な死を恐れる必要もなくなります。**

江戸時代後期の儒学者、佐藤一斎の『言志四録』にはこう書かれています。


少にして学べば、則《すなわ》ち壮にして為すこと有り。

壮にして学べば、即ち老いて衰えず。

老いて学べば、即ち死して朽ちず。


若いうちに学んでおけば壮年になって役に立ち、壮年期に学べば老いても気力は衰えない。老いてから学べば、死んでからも朽ちることはない、ということです。

「死して朽ちず」に関しては、その名（名声）が朽ちることはないという意味にもとれますが、魂や精神性を指しているとも考えられます。だからこそ、**残された時間などは考えずに学び続けるべきだ**ということです。

松尾芭蕉は、西行の歩いたあとをたどるようにして旅していたといわれます。だとすれば芭蕉は、西行の魂を追っていたという見方もできます。現在、西行や芭蕉が歩いたあとには石碑がつくられ、歌や句が刻まれていますが、その石碑には言葉という魂が残されていることになります。

老いてなお学びながら前進していれば、その魂を残せると考えてもいいのではないでしょうか。

想いを残していくということ

「おしどり夫婦」の歌人として知られた河野裕子さんと永田和宏さん。しかし河野さんは乳がんを患い、夫の永田さんは妻の最期を看取ることになりました。

そんなお二人が40年間にわたって相手への想いを詠んだ歌が、『たとへば君　四十年の恋歌』にまとめられています。

河野さんが亡くなったのは２０１０年8月12日のこと。驚かされるのは、その前日の8月11日にまで、口述筆記で四首の歌を残していたことです。

最後の二首だけ紹介しておきます。

八月に私は死ぬのか朝夕のわかちもわかぬ蟬の声降る

手をのべてあなたとあなたに触れたきに息が足りないこの世の息が

あなたに触れたいのに息が足りない……という、まさしく絶唱です。死の間際にまでこうした歌を詠まれていたのですから、胸を締めつけられます。

河野さんが亡くなったのは64歳でした。**最期を迎える間際になっても、形に残る想いを残していけるる**というのはかけがえのないことです。

私の父は、書が好きだったので書を残していきました。プロであるのか、作品を発表する機会はあるのかといったことは関係ありません。そうして何かを残せていけたなら、それだけでも生きた証になります。

自分は歌人でも書家でもないから、そんなことをできないなどと考える必要はありません。絵が好きだけどちゃんと描いたことがない、陶器が好きだけどつくったことがないというなら、何歳から始めてもいいのです。

いまの時代において、表現はすべての人に開かれた道になっています。

作家になりたい人なら当然、作品を残したいのでしょう。以前であれば、新人賞を取るといったように、作品を世に出す道は限られていました。ところがいまの時代、自費出版することもできれば、ブログに書いて発表してもいいし、ネット上の投稿サイトもたくさんあります。日記などをつけておき、それを子供に託すだけでもいいと思います。文章に限らないのであれば、大事に育てていた鉢植えを子供に託すようなことでもいいのです。

跡形もなくこの世から消えるのではなく、何かしらのものを残していく。こうしたやり方は、最期を迎えるうえでうまく心の折り合いをつけることにもつながります。

子に先立たれた親の悲しみ

愛する伴侶に死なれることの悲しさは言うまでもありませんが、親の立場であれば、子供に先立たれるのが何よりつらいのではないかと思います。
俳人の小林一茶は、子供たちを次々と病気で亡くしています。それでも56歳のときに、娘が生まれました。年を越してこの子が数え年2歳になっただけでも一茶は喜び、その感動を俳句にしています。

這へ笑へ　二つになるぞ　今朝《けさ》からは

しかしその半年後の6月、その子も天然痘で亡くなってしまいます。嘆きの中で一茶はこう詠みました。

露の世は　露の世ながら　さりながら

命は露のようなものだというけれど、そうはいってもこれではあまりに……。
言葉はそこで途切れていても、その先の無念さが伝わってきます。**「さりながら」**とい

う一語に父親としてのつらい気持ちが凝縮されているからです。

哲学者の西田幾多郎は、８人の子供がいたうち5人に先立たれました。姉を病気で亡くし、弟が戦死する経験もしていたので「死別のいかに悲しきか」は知っていたといいますが、子を失う悲しみはまた別です。

「未だかつて知らなかった沈痛な経験」だったとして、その気持ちを「我が子の死」という文章にして残しています。

亡き我児の可愛いというのは何の理由もない、ただわけもなく可愛いのである、甘いものは甘い、辛いものは辛いというの外にない。これまでにして亡くしたのは惜しかろうといって、悔んでくれる人もある、しかしこういう意味で惜しいというのではない。女の子でよかったとか、外に子供もあるからなどといって、慰めてくれる人もある、しかしこういうことで慰められようもない。

今まで愛らしく話したり、歌ったり、遊んだりしていた者が、忽ち消えて壺中の白骨となるというのは、如何なる訳であろうか。もし人生はこれまでのものであるというならば、人生ほどつまらぬものはない、此処には深き意味がなくてはならぬ、人間の霊的生命はかくも無意義のものではない。死の問題を解決するというのが人生の一大事である、死の事実の前には生は泡沫の如くである、死の問題を解決し得て、始めて真に生の意義を悟ることができる。

いかなる人も我子の死という如きことに対しては、種々の迷を起さぬものはなかろう。あれをしたらばよかった、これをしたらよかったなど、思うて返らぬ事ながら徒らなる後悔の念に心を悩ますのである。

我々はかかる場合において、深く己の無力なるを知り、己を棄てて絶大の力に帰依する時、後悔の念は転じて懺悔の念となり、心は重荷を卸した如く、自ら救い、また死者に詫びることができる。

子供を失う悲しみの大きさがそのまま伝わってくる文章です。

ここでいう「絶大の力」とは阿弥陀如来の他力であると考えられています。西田幾多郎は多くの身内を亡くした経験もあり、信仰を深くしていた人でした。

死に接して悲しみや後悔があった場合には、死者を弔うだけでなく、信心をもつなどして自らを救うことも大切になります。

亡くなった子たちへの鎮魂歌

漫画家の高《たか》野《の》文《ふみ》子《こ》さんのデビュー作品集『絶対安全剃刀』の中に、「ふとん」という印象的な短編があります。

少女の葬式が行なわれようとしているときに〝観音〟が現われ、こう言います。

「はじまるよ　おまえの祝い」

祝いというのは葬式のことです。

その後、少女はいろいろ観音におねだりしたあと、最後にこう言います。

「もう一つ　あのさあ、めりんすぶとん　ほしいな」と。

観音は答えます。

「買ってやるよ」と。

死んだあと、実際にどうなるかはわかりません。しかし、この漫画のようにやさしい観音さまが現われてくれるなら救いがあります。ひとりで死んでいく孤独にも耐えられるかもしれません。

こうした作品は癒しと救いの物語になっている気がします。

私は中学生のとき、小椋佳さんの「ほんの二つで死んでゆく」という歌を聴いて、ずっと忘れられずにいました。タイトルどおり、幼い子の死を歌ったものです。

こうした歌を聴くことは、幼い子供を失った親はつらいのではないかと考えていたのですが、実際はそうとも限らないようです。

あるサイトのレビュー欄には、4歳で亡くなった弟がいるという人が「弟のためにつくってくれたのではないか」と錯覚するほど深い感動を覚えて、大好きな歌になっていると書き込んでいました。

小椋さんの歌では、おとぎ話などをかき集めて、死んでゆく子の周りを飾ってあげたいという想いが綴られています。似た経験をした人には、**自分の魂が亡くなった子に寄り添っていける感覚**をもてる鎮魂歌に聞こえるのかもしれません。

『万葉集』の時代から、愛する人の死を歌うことによって、死を受け入れ、悲しみを昇華させていたのではないかと思います。

命って何だと思う?

ＪＲ西日本あんしん社会財団の設立10周年事業として行なわれた「『いのち』の作文・俳句コンクール」で、私は選考委員長を務めました。

そのコンクールで特選となった作品が、高野泰一くん（中学校1年生）が書いた「命って何だと思う?」です。

障害をもって生まれてきた妹の千晴ちゃんが、生まれて1年少しで気を失ったまま脳死となり、やがて亡くなってしまったことを書いている作文です。

その最後はこのように結ばれます。

今、千晴は我が家の天気の神様になっている。晴れなら「千晴が笑っている。」雨なら「千晴が泣いている。」曇りなら「千晴が寝ている。」という。命については今でもさっぱり分からない。だが、あの日から僕は生きる意味について考えるようになった。答えを出すにはもう少し時間がかかりそうだ。

家族の中に、千晴ちゃんが〝まだいる〟のがわかります。深い悲しみの中で、「天気の神様」になっていると考えているところに家族の愛の工夫があります。

非常に美しいかたちで幼い家族の死を受け入れているのがわかり、私も胸を打たれたのです。

「あとからでいいよ」

『いしぶみ　広島二中一年生全滅の記録』という本があります。広島への原爆投下によって、同じ中学の同学年321人の子供たち全員が命を失った悲劇を追ったテレビドキユメンタリーを、書籍化したものです。
その中で私は、とくに次の部分に胸を打たれました。

五学級の山下明治くんは、三日目の九日明け方、お母さんにみとられて亡くなりました。

「明治は、亡くなるとき、弟、妹のひとりひとりに別れの言葉をいい、わたしが鹿児島のおじいさんに、なんといいましょうか、と申しましたら、りっぱに、と申しました。

死期がせまり、わたしも思わず、お母ちゃんもいっしょに行くからね、と申しましたら、あとからでいいよ、と申しました。

そのときは無我夢中でしたが、あとから考えますと、なんとまあ、意味の深い言葉でしょうか。

お母ちゃんに会えたからいいよ、とも申しました。」

「りっぱに」というのは「立派に死んでいきました」ということです。戦死の際などによく使われていた表現です。少年であっても、そんな言葉を口にしたことからも、悲しい時代性が窺えます。

さらに胸に迫るのは、「一緒にいく」と言っている母親に対して、「あとでいい」と返していることです。つまり、お母さんに対して〝生きていて〟と言っているわけです。この少年はけなげにも、**お母さんが一緒に死んでくれなくても、ひとりで大丈夫**だと答えているのです。

13歳くらいの子供がそうして母親を気づかい、命の大切さを教えてくれています。戦前・戦中の教育のあり方の是非は別にして、立派な考え方、話し方ができる子は多かったように思えます。ある程度の年齢になっている大人であれば、こうした子供に恥ずかしくない生き方をしなければならないのではないでしょうか。

人間はどうして不老不死を求めるのか？

紀元前2000年頃に成立したとされ、世界最古の文学作品と考えられている『ギルガメシュ物語』がテーマにしているものも死生観です。

物語の主人公は、実在したとされるウルクの王ギルガメシュ。英雄でありながらも暴君であった彼は、エンキドゥという親友を得たこともあり立派な王になっていきます。しかしそのエンキドゥと、彼の恋人である美しき歌手シャマトを失ったことから、**ギルガメシュは永遠の命を求めて旅に出ます。**

ギルガメシュはその旅の果てに、永遠の命を手に入れることなく死んでいくのですが、魂となった彼は、空からウルクの町を見渡します。自分のつくった王国で人々が生きているのを見て、ギルガメシュは誇りを感じます。

ルドミラ・ゼーマンによる絵本『ギルガメシュ王さいごの旅』のラストシーンで、魂として再会したエンキドゥは、彼にこう言いました。

「ギルガメシュよ、ここに、きみのもとめた永遠の命がある。」

「きみがきずいたウルクの都、きみがしめした勇気、きみがしてきたさまざまの良いこと。きみは、人びとの心のなかに、永遠に生きつづけるだろう。」

（松野正子訳）


先に取り上げた『ファウスト』にもつながる考え方です。

もしかしたら人類は、死生観――すなわち生と死の問題を考えるために、物語という形式を生み出したのかもしれません。**その第一歩であり、また最高傑作が『ギルガメシュ物語』です。**人間の想像力とはなんと素晴らしいことでしょう。

さらに、人間はどうして不老不死を求めるのか？

このことも永遠のテーマになっています。

日本の物語を見渡してみても、平安時代に書かれた『竹取物語』に不老不死の話が出てきます。『竹取物語』だけではありません。人魚の肉を食べたために不老不死になった「八百比丘尼伝説」などもよく知られています。

中国でもそうです。中国三大宗教のひとつである道教では、すでに述べたように不老不死の仙人のようになることが理想とされています。

現代でもなお、不老不死を求めている人はいます。その一方で、**不老不死よりも「生きた証」を得ることのほうが大切なのではないか**という考え方があります。それが紀元前2000年にはすでに示されていたということです。

死に支度と死に稽古

死生観を鍛えるということは、常に**「生についてどのような意味を見出しているか」**、**「死に対する覚悟を決められているか」**が問われることでもあります。

文学や映画などでは、そうしたことが繰り返しテーマとされてきました。

歴史学者の立川昭二は、西行や鴨長明、吉田兼好、松尾芭蕉らが残した作品を取り上げ『日本人の死生観』という本にまとめています。以下は、同書中の小林一茶について解説した部分です。

死支度《しにじたく》致せ〳〵と桜哉《さくらかな》

桜と死をむすびつけるのは古来日本の詩歌の常道であるが、ここからは、「数寄」とか「粋」というような美学を装わない、土根性のすわった庶民の生死の覚悟のほどが聞こえてくる。一茶はさらに、西行の〈願はくは花のしたにて……〉の歌を踏まえて次のように詠む。

いざゝらば死ゲイコせん花の陰

この二つの花の句は、ある意味では、西行の歌よりすごみがあるといえよう。散る花は、人間に「死支度」をしろと促している。私たちは花を見て、「死ゲイコ」をしなければならないのだ。こうして、一茶は死を忘れた私たち現代人をいつまでもおびやかしつづけるのである。

日本人は、桜に死のイメージを重ねている面があります。それどころか一茶は、桜を見ると、「死に支度をしなければならない」、「死に稽古をしなければならない」と言われているように感じるとまで詠んでいるわけです。

一茶の句と比較されている西行の歌は「願はくは花の下にて春死なむ　そのきさらぎの望月のころ」というものです。

漂泊の歌人となっていた西行は、旧暦如月の満月の日に満開の桜の下で死にたいと詠み、およそそのとおりの時期に亡くなりました。完結しているうらやましい生き方であり、死に方です。

しかし立川は、一茶の句のほうが西行の歌よりすごみがあるという言い方をしています。一茶の句が伝えているのは、死に対する覚悟だからなのでしょう。

我が身に死が迫れば迫るほど、覚悟を確かなものにしておく必要があります。ハイデガーの言うところの「先駆」に通じるところです。

私たちは常に死を傍に感じながら、生きていかなければならない――

そんな絶対的な事実を、哲学や宗教のみならず、文学や芸術も教えてくれているのです。

第5章　人はいかに生きて、いかに死ぬべきか

——私の死生観

フェデラーの死生観

私はマニアといえるほどスポーツ観戦が好きなため、毎晩のように寝不足を覚悟してテニスやサッカーなどの試合をテレビ観戦しています。どうしてそうしているかといえば、**スポーツを通して死生観にも通じるメンタルのあり方を見る**ことができるというのも理由のひとつです。

テニスでは、1試合に3時間半や4時間くらいかかることもあるので、体力的にも限界に近いところで戦うことになります。

2020年の全豪オープン男子シングルス3回戦、フェデラーとミルマンの試合などはとくに壮絶でした。フルセットにもつれこんだこの試合では、ミルマンがマッチポイントを握ること合計7回。何度となく絶体絶命のピンチに追い込まれたフェデラーは、すべてのピンチをしのいで勝ったのです。

ミルマンのほうがマッチポイントのたびに固くなっていたようにも見えたくらいで、フェデラーの集中力と粘りにはすさまじいものがありました。途中、メディカルタイムアウトを取るほど筋肉に異常を起こし、走り方もおかしくなっていながら、まったくあきらめる様子がなかったのです。相手にマッチポイントを握られても、表情を変えませんでした。そこにフェデラーの凄みがあります。

この試合に限ったことではなく、フェデラーの顔を見ていると、**ブッダのような境地に入って試合をしている**のではないかと思ってしまうほどです。守りに入るのでもなければ玉砕精神になっているのでもありません。守るべきところは守り、攻めるべきところは攻めるという平常心を貫いているのです。

スポーツで試合に負けることは、死に近い意味をもちます。完全な終焉を意味するわけではなくても、そこまでの物語（戦い）は一度終わることになるので、いうなれば〝軽い死〟です。その死が何度、目の前に迫ってきても、フェデラーは平然とそれに対しています。そういう領域に達した人の姿を見ることはそれだけで感動に値します。

スポーツだけでなく、ビジネスシーンなども含めて、生死を問われるのに近い意味をもつ場面に遭遇することはあります。

そういう場面にあってもたじろがずに対していけるか……。

それができるようになるためにも私たちは日頃から心を鍛えていく必要があるのです。

死生観を養っていくことは、ピンチでの対応力にもつながっているように思います。

「死ぬのは怖くない」というメンタルをもっている人はいます。ただし、**無謀や向こう見ずで死を恐れないことと、死の本質を理解したうえで死を恐れないことではまったく違います。**後者であってこそ、私たちが目指す死生観をもてているといえるのです。

『葉隠』と切腹

かつての武士には、「腹を切れ」と言われたときにまったく動じず、平然とできた人たちがいました。切腹という恐ろしい儀式が文化として成り立っていたのが、中世から近世にかけての日本だったのです。

「はじめに」でも触れた『葉隠』は肥前国佐賀鍋島藩の藩士・山本常朝《つねとも》の話を田代陣基《つらもと》が筆録したもので、全十一巻からなります。

その中には切腹に関する話はいくつも出てきます。

たとえば、一家の娘が駆け落ちしたことから、その娘の父親と兄が切腹を申し付けられる逸話があります。背景には政治的な事情もありますが、起きた事実だけでいえば、娘の駆け落ちです。

それでも父親と兄は最初から切腹する覚悟を決めていて、切腹を言い渡すための使者が来るのを碁を打ちながら待ちます。使者が着いてもまったく動じるところはありません。殉死を願い出てきた家臣たち18人が切腹するのを介錯してから、自分たちも切腹します。それだけの数の首が斬られたので、屋敷近くの川にまで血が流れ込み、「血川」と呼ばれるようになったといいます。

話だけを聞けば、残酷で野蛮に感じられるかもしれません。しかしこうした自死儀式を平然と行なえるほど心が整えられていたということで、その点においてはうならされるものがあります。

乃木希典の「殉死」

近代において、切腹で自らの命を絶った人物としてよく取り上げられるのが、陸軍大将の乃木希典《のぎまれすけ》と作家の三島由紀夫です。

乃木は、西南戦争の際に連隊旗（錦の御旗）を敵に奪われたことがありました。また、日露戦争で旅順攻略を指揮した際には6万人近い死傷者を出しています。西南戦争では勝ち、旅順も攻略できたとはいえ、自分自身、いつか責任をとるために死ななければならないと考えていたのでしょう。明治天皇の崩御の後、妻とともに自刃しました。

この自刃については誰も自殺とは呼ばず、「殉死」という言い方をしています。古来の儀式に則り、かつては武士であった者として、**明治という時代の終焉とともに、自分自身に決着をつけた**といえます。そのため、劇的な死として語り継がれることになったのです。

加藤周一、M・ライシュ、R・J・リフトンによる『日本人の死生観』の中には次のように書かれています。

> 天皇に全身全霊を献げた男として死ぬ機会が、長いことひき延ばされていたあとでついに訪れたことを歓迎したにちがいない。

武士としての自殺は、武士道のおきてにもとり、軍人としてさまざまな過失をおかしたことに対する自己断罪であるとともに、真の武士としての剛勇の証明でもあった。自己断罪と自己証明というこの二つの目標は、両立しえないものではなく、反対に、相互に強制し合うはたらきを持つ。軍刀の一閃で、乃木は自己の罪をあがない、かつ武士としての性格を実体化しようと求めたのである。

（矢島翠訳）

自らの罪の意識を自ら断ずることで、武士として生き、死ぬことを完結させたというのです。そう考えたなら、乃木希典にとっての**切腹は自己実現の方法**でもあったことになります。

見事な切腹と殉死により、乃木は事実上、日本文化の核心に位置する死の儀式と、それに関連する絶対の忠誠の原理を、確認していたのだった。

明治天皇の死は、過去の栄光の終焉のみか、不定型な未来のはじまりをも象徴していた。従って、文化現象としての乃木の自殺が、多数の日本人に、安定の機能を持つ要素とうけとられたとしても、不思議ではない。この歴然たる時代錯誤の行為は、古い精神の持続性を証明し、未来の日本が、日本固有の歴史の根から切り離されないだろうことを暗示していた。

近代化が進んでいくなかでの不安はありながらも、「やっぱり日本人は日本人なんだ」という復古的なかたちで、日本人は自信を取り戻すことができたというわけです。当時の日本人は、乃木の行為について、何をいまさらと嘲笑するのではなく、共感した部分も強かったということがわかります。

『こころ』の「先生」はなぜ自殺したのか

物語中の人物ではあるものの、夏目漱石の代表作『こころ』に登場する「先生」も乃木に共感したひとりです。先生がひそかに自殺の決心を固めた場面は、次のように描かれています。

私は殉死という言葉をほとんど忘れていました。平生使う必要のない字だから、記憶の底に沈んだまま、腐れかけていたものと見えます。妻の笑談《じょうだん》を聞いて始めてそれを思い出した時、私は妻に向ってもし自分が殉死するならば、明治の精神に殉死するつもりだと答えました。私の答えも無論笑談に過ぎなかったのですが、私はその時何だか古い不要な言葉に新しい意義を盛り得たような心持がしたのです。

私はとうとう自殺する決心をしたのです。私に乃木さんの死んだ理由がよく解らないように、あなたにも私の自殺する訳が明らかに呑み込めないかも知れませんが、もしそうだとすると、それは時勢の推移から来る人間の相違だから仕方がありません。あるいは箇人《こじん》のもって生れた性格の相違といった方が確かかも知れません。私は私のできる限りこの不可思議な私というものを、あなたに解らせるように、今までの叙述で己れを尽したつもりです。

『こころ』を読んだことがある人ならわかるように、先生が自殺したことには背景があります。しかしこのとき先生は、乃木希典の殉死に共感する部分があったからこそ、明治という時代の終焉とともに自分の人生を終わらせることを選んだのだといえます。

「つまらない死に方はしたくない」と言っていた三島由紀夫

三島由紀夫の自決は、小学校のときにテレビのニュースで知りました。斬り落とされた首の写真が新聞に載せられるなど、当時の私には、衝撃が強すぎるものでした。

1970年11月25日、憲法改正のために自衛隊の決起を訴えようとした三島は、市ヶ谷の自衛隊駐屯地のバルコニーで最後の演説をしますが、自衛隊員からは野次を飛ばされるばかりでした。自衛隊員に限らず、多くの人は「どうしたんだ、三島由紀夫は⁉」という思いであの光景を見ていたといえます。

1961年に発表していた小説『憂国』でも将校の割腹自殺を描いていたことから、**この自決は早くから三島が自分の最期として思い描いていたもの**だと想像されます。

日本文学研究者のドナルド・キーンさんは、事件の3か月前にあたる夏に三島と話す機会があったそうで、そのときの様子を『ドナルド・キーン自伝』で次のように書いています。

三島と私はホテルのプールへ行った。彼は水に入らなかったが、筋骨たくましい自分の身体を見せるのを楽しんでいた。私たちは、完結間近い彼の四部作『豊饒の海』について話した。三島が言うには、作家として身につけたすべてを、この作品に注ぎ込んだとのことだった。そして笑いを浮かべながら、付け加えた。あと残っているのは、死ぬことだけだ、と。私も、笑った。しかし私は、何かおかしいと感じたに違いない。「べたべたした」問題については話さないという私たちの誓いを破って、尋ねていた、「なにか悩んでいることがあるんだったら、話してくれませんか」。彼は眼を逸らして、何も言わなかった。しかし三島は、三カ月後に自分が死ぬことを知っていたのだ。

その夜、ホテルの部屋で三島は四部作四巻目の最終章の原稿を私の手に載せた。「一息に」書き上げた、と三島は言った。私に読みたいかどうか尋ねたが、私は辞退した。前の章で何が起きたかも知らないで読んでも、わからないと思ったからだ。八月に書き上げられていたにもかかわらず、三島は十一月二十五日、原稿にその日の日付を書き込み、直後に自衛隊市ヶ谷駐屯地へ向かったのだった。

九月、私はニューヨークへ向けて日本を発った。離陸は、午前十時だった。三島が見送りに姿を現した時、本当にびっくりした。不精髭のままで、眼が充血していた。たぶん、徹夜の仕事の後だったに違いない。それでもなお私は、下田の時と空港でのいつもと違う彼の行動が、何かの不幸を予兆しているなんて思いもしなかったのだ。飛行機が飛び立った後、三島は私を見送ってくれた他の友人たちと一緒に空港のレストランへ入った。いきなり「つまらない死に方はしたくない」と言って、三島は皆を驚かせた。

これが、三島に会った最後だった。

（角地幸男訳）

三島の場合は、日本人の精神のあり方を問いかけ、日本の行く末に一石を投じるために死を選んだといえます。

自分がどう死ぬかということに意味をもたせるためにも、早い段階からおよそのことは決め、時機を待つようになっていたのだと想像されます。

ただし、こうした死のあり方を美化するべきではありません。

武士の切腹にしても、それぞれの状況の中で誰かが責任をとる必要があり、そのため命が道具にされている。秩序を保つために個人の死が利用されていたとする見方もできるのです。

江戸時代、明治や昭和、そして現在を比べれば、社会のあり方も人権意識もまったく違います。『葉隠』、あるいは乃木希典や三島由紀夫の死から読み取るべきなのは「いつでも死を受け入れる覚悟ができていた人たちがいたということ」、「自分の命の終わらせ方を自分で決めた人たちがいたということ」、そして「**そんな時代があった**」という点です。

10代からの死生観マニア

じつをいうと私は、**若いときから死生観マニア**のようになっていました。先に触れた『日本人の死生観』に出合ったのが10代の終わり頃。それからは受験勉強もそっちのけで、同じような類いの書籍を読み漁っていたのです。

林尹夫《ただお》の『わがいのち月明に燃ゆ』や学徒兵の遺稿集である『きけ わだつみのこえ』など、戦場で亡くなった学徒兵が書き残したものを読み、**明日死ぬかもしれない人たちがどういうふうに生きていたのか**を知ろうともしました。学徒出陣で命を散らした人たちは、戦場にあっても最後の日まで勉強を続けていました。この戦争が間違っていて、決して勝てないとわかっていても、同胞のために覚悟を決めて死んでいたのです。

戦後の1960年代から70年代にかけて、日本はいい時代を過ごせたといえます。それができたのも、戦争で犠牲になった人たちの想いが残されていたからではないかと思います。

高度な精神性をもった人たちから命の意味を学び、感謝の気持ちを込めて恥ずかしくない生き方をしていこうとする人たちが多かったのです。

私もそうしたいと思っていました。**真剣に生きていくためにはしっかりと死を見つめておく必要があると**感じ、自分の死生観を鍛えていきたい気持ちが強かったのです。

そのため武士道も勉強しました。それとともに、スポーツや武道をはじめ、勝負事において、「ここぞ」という場面で平常心でいるためにはどうすればいいかを考えました。同じ目的から、自分で脈拍をコントロールする呼吸法の鍛錬もしました。私が身体論を専門のひとつとしているのはそこから始まっています。

当時、練習していた呼吸法は、瞑想状態に入ることを目指したものだったので、いまでいうマインドフルネスに近いところがあったといえます。呼吸法によって脈拍を落としていくと、死に近い感覚になります。高校時代は授業中もその練習をしていたので、**教室の中で私だけが死の感覚に近いところにいた**ともいえるかもしれません。

宗教的な文脈ではなく、日常の活動の中で悟りに近づくことを目標にしていました。普通なら平静ではいられない状況に追い込まれても平静さを保っていられるような人間になりたかったからです。その意識はいまも続いていて、仕事などでどれだけ追いつめられても、そうは見えない人間でいるのを理想としています。

まことに慚愧にたえず

『ある明治人の記録――会津人柴五郎の遺書』という本にも感銘を受けました。

この本は会津藩士の子で、数え年10歳で戊辰《ぼしん》戦争を経験した柴五郎という人の回想録です。「男子すべて城中にあり」と家から送りだされたあと、家に残った母親をはじめ、祖母や姉妹は自害し、自分は生き残ることになります。

わずか七歳の幼き妹まで懐剣を持ちて自害の時を待ちおりしとは、いかに余が幼かりしとはいえ不敏にして知らず。まことに慚愧《ざんき》にたえず、想いおこして苦しきことかぎりなし。

柴の悔恨はひたすら大きいものでした。その後の「公表をはばかるほどの悲惨な飢餓生活」を耐え抜いた柴は、やがて軍に入り、陸軍大将、軍事参議官と昇進して名声を博します。**亡くなった家族の精神を引き継ぐ**高潔な魂が感じられる半生です。

明治維新後のことなので、それほど古い話というわけではありません。100年、数十年前まではこうした人たちが歴史をつくってきていたのは確かです。そんな現実を考えたなら、安穏と生きておきながら、死の接近を怖がっているのはあまりに情けないのではないかと思えてきます。そう感じたのが10代のうちのことでした。

やり遂げたい何かを見つけるということ

生きている時間をどう過ごせばいいのか。
そのヒントはさまざまなところで見つけられます。
たとえば勝海舟はこんな言い方をしています。

成程《なるほど》えらい人間が居たな。二、三百年も前に、今、自分が抱いて居る意見と、同じ意見を抱いて居たな、これは感心な人物だと、騒ぎ出すやうになつて、それで世に知れて来るのだヨ。知己を千載《せんざい》の下《もと》に待つといふのは、この事サ。

いまは世間に認められなくても、1000年後に現れるかもしれない理解者を待つと

いうことです。評価を得たいと焦ってばかりいても仕方がないという戒めにもなります。石川啄木はこんな短歌を詠んでいます。

こころよく　我にはたらく仕事あれ　それを仕遂げて　死なむと思ふ

また吉田松陰は次の言葉を残しています。

凡《およ》そ生れて人たらば、宜《よろ》しく人の禽獣《きんじゅう》に異なる所以を知るべし

啄木は生涯を懸けたい仕事を求めている気持ちを示し、松陰は人として生まれてきたからには何かを成し遂げたいという思いをこのように表現したわけです。

これらの短歌や言葉を知ったのは中学生の頃でした。誰でもそうした仕事や役割を見つけられるのかといえば、簡単なことではありません。10代のうち、20代のうちに見つけられる人もいれば、50代、60代、70代になって見つけられる人もいるかもしれません。

人生は、自分の存在を懸けられるようなものを探していくためのものだとも考えられます。たとえ道半ばで終わったとしてもそれはそれでいいのではないでしょうか。

私たちは「他者の森」の中で生きている

私は明治大学で教員養成の仕事をしています。教え子たちの多くは教員となり、中学などで子供たちに何かを教え、伝えていきます。そのことによって魂がつながっていく感覚をもつこともできます。

教育は、形として何かを残せる仕事ではありません。しかし、無形であっても、伝えていけるものは多い仕事です。**私の教え子たちが、自分の生徒にどのようなことを教えているかを想像するだけで楽しくなります。**

教え子たちとお酒を飲みながらいろいろな話を聞いたり、「学校でこんなことがありました」、「子供が生まれました」といった連絡をもらうのは、本当にうれしいことです。**自分が魂を込めて教えたことが、さらに誰かに伝わっていく**のが実感されるからです。

『にほんごであそぼ』（ＮＨＫ　Ｅテレ）という番組に関われていることも、それと似た意味をもっています。

現在も続くこの番組は、私の『声に出して読みたい日本語』がベストセラーになったあとの2003年、プロデューサーが「この本の幼児向けのテレビ版をつくりたい」と提案してきてくれたことから生まれました。

私の役割は総合指導です。オモテに顔を出すことはありませんが、小さな子供たちに「日本の大切な言葉」をプレゼントしていくこの番組に関われていることは、大きな幸せとなっています。

次の世代に向けて、なにかしらの贈り物をするということが、私にとっての生き甲斐です。その意味で教育は天職だとも思っています。

教科書的な知識を学ばせるというよりも、もう少し深いレベルで魂を込めたものを伝えていきたい。その授業を受けた学生たちにはまた、次の世代の子供たちに何かを伝えてほしい。それをやってくれている教え子たちのことは本当に尊敬しています。

そうして**次の世代につながっているのを実感することで、私は死の不安から逃れられているの**かもしれません。

死は決してすべての終わりではなく、必ず次へとつないでいけるものがあります。だからこそ、生きているあいだにどれだけのものを残せるかが問われるわけです。

私は、小学校のときの担任の先生の名前を覚えているのはもちろん、当時自分がどんな日々を送っていたかをありありと思い出すことができます。

あのとき自分はどういう作文を書いて、それに対して先生がどんなコメントをつけてくれたかというようなことです。

そのため、過去は過ぎ去ったものではなく、自分の中に残っているものと感じることができます。誰でも必ず思い出はあります。そして自分自身もまた、誰かの思い出の中に存在しています。

自分の命と引き換えにしてでも次の世代に何かを残していきたい気持ちがあれば、それは必ず伝わっていくはずです。

先人たちの魂は必ず残っています。目にしている建築物、読んでいる本などは、亡くなった人たちが残していってくれたものです。

私たちは、亡くなった人たちも含めた「他者の森」の中で生きています。たとえ死んでも、魂はその森の中に残る。そう考えれば寂しくなくなります。

自分の子供、教え子、後継者などといったことにこだわる必要はありません。一緒に仕事をした人間がいるというだけでもいいのです。

伴侶の死をいかに捉えるか

家族がいれば、誰かが先に死にます。

人生の伴侶に先立たれることがつらいのは当然ですが、そうした場合、女性よりも男性のほうが、がっくりと落ち込むことが多いように感じられます。

2020年に亡くなった元プロ野球監督の野村克也さんは、妻の沙知代さんに先立たれたあとにずいぶん弱っていたようで、「早く死にたい」といった言葉までを口にしていたと聞きます。

逆に夫を亡くした女性がかえって元気になることも、多くあるようです。

そんな例を見ていると、どちらがどちらに頼っているかは明らかです。

愛する伴侶を失えば、その時点でがくっとくるのは自然な反応です。そこで味わう**孤**

独のつらさも人生のうちだと考えるしかない気がします。

ぽっかり穴が開いたように感じるのであれば、それだけ恵まれた時間を過ごしていたということです。悲しみが大きければ大きいほど、それまでの幸せに満足してもいいのではないでしょうか。

ある程度の年齢まで伴侶とともに生き、子や孫の成長を確認できたなら、なにより幸せなのだと思います。

「還暦」という立ち位置

人生100年時代を迎えようとしているいまも、60歳という年齢は、やはりひとつの区切りです。

文字どおりの折り返しという意味でいえば、40歳や50歳くらいがそれにあたると思いますが、その辺の年齢ではまだまだ若いという意識が強いでしょう。それでも60歳になれば、残された時間を考える感覚が生まれてきます。

そこからさらに20年、30年と生きられる人もいれば、不運にして数年や10年ほどで死んでしまう人もいます。

「還暦」は「人生の中締め」の時期だと言ってよいかもしれません。

「中締め」とは、宴会などでよく使う言葉です。ご存知のように、意味としては「お開き」に近く、そこから残るも帰るもその人次第。すぐに帰る人もいれば、二次会、三次会といった具合にさらに何時間も過ごす人もいるのです。

「還暦」を迎えるにあたって、自分の人生の意味をあらためて考え直す時間をつくってみるのもいいと思います。

禅の世界には「十牛《じゅうぎゅう》図《ず》」と呼ばれるものがあります。修行のはじめから悟りに至るまでを、段階を追って十枚の絵で表わしたものです。

絵の中で描かれる牛は真の自己の象徴であり、少年が牛を探すところから始まります。足跡をたどって牛を見つけ、暴れる牛をなんとか飼いならして家へと連れ帰ります。

やがて牛は消えるのですが、それは煩悩が消えた境地を表わします。次の絵では少年も消えて、空白に円だけが描かれます。その後、「本源に還る」という意味合いで空の世界に自然が戻ります。

最後には年寄りが現われ、童子に何かを与えます。これはひと回りして、今度は自分が人を救う存在になったということを示しているのです。自分がいまどの段階にいるか、問いかけてみるのもいいかもしれません。

精神分析家であるエリク・H・エリクソンの「ライフサイクル論」も、十牛図に近いところがあります。これは人間の成長過程を幼児期から老年期までの八期に分け、それぞれに解決すべき課題があるとするものです。最後の老年期では、死を控えている絶望を残すことになるのか、**それまでの自分の人生を肯定的に受け入れられるか**、どちらになるかが問われます。

東洋では四季に重ねた「四期」に分けることもあります。「青春」、「朱夏」、「白秋」、「玄冬」のうち、人生の後半期である「白秋」、「玄冬」をどういう時間にするか。

落葉や枯れ木を見れば寂しいと感じる人もいるかもしれません。しかし私などは、風情があるな、と落ち着く面があります。人生についてもそういう感覚をもてればいいのではないかと思います。

サトウハチローは「もずが枯木で鳴いている……」という歌を作っています。

加藤楸邨には「人間をやめるとすれば冬の鵙《もず》」という俳句があります。中学時代に先生がサトウハチローの歌を聴かせてくれて以来、枯れ木でモズが鳴いている場面は私の中では心象風景のようになっています。加藤楸邨がモズになるのも悪くないと詠んだように、**孤として枯れていくのもひとつの美しさ**です。

いつまでも若くいるのも、もちろん素晴らしいことです。私にしても、若くいたい気持ちと、いい具合に枯れていきたい気持ちが自分の中に同居しています。**エロス（生の本能）とタナトス（死への本能）がバランスよく両輪として動いていればいいのではないでしょうか。**

還暦にもなってエロス専門というのでは落ち着きがなさすぎますし、かといってタナトスに偏りすぎれば元気がなくなりすぎてしまいます。アクセルとブレーキのようにバランス調整していくのがいいのではないかと考えています。

笑いと「魂のアンチエイジング」

最近の私は「笑い」を非常に重んじており、実際大学の授業でも、笑える空間を追求しています。

授業に限らず、イベント会場などで行なう講演の場合でもそうです。いかに楽しい空間をつくっていけるか。そのためには多少の〝すべり〟は恐れず（!?）、攻めの姿勢でチャレンジしているつもりです。

これからあと何年生きられるにせよ、**煙のように軽くなり、上機嫌で朗らかに笑って、すっと亡くなるというのが私の理想の死に方**です。

年を重ねていくごとに、風格といえるような重量感を増していきたいと考える人もいるでしょう。それはそれでいいと思います。しかし私は、孤独の中で過ごした青年時代にまじめで暗くなりがちだったこともあり、そうはなりたくないのです。物事がわかってくれば、肩の力が抜けていくのが自然なのではないのかという感覚もあります。

60年も生きていれば、世の中のことがまったくわからないなんてことはありません。およそ現実の道理がどんなものか見えてくれば、何があっても頷きながらやっていけます。だから私は、力みを捨てて、体をほぐしながら生きていきたいと思っています。

そのためには、**見た目のアンチエイジングよりも魂のアンチエイジングが大事**です。

魂が若返り続けていくなかで、最後は死んでいく。そういうところを目指してやっているつもりです。

死を意識できるのは、人間だからこそ。それは、天から与えられた恩恵です。そうとでも考えなければ、いつか来る死を前に気が重くなるばかりです。気持ちを滅入らせることがないように、できるだけ自然体で死に向き合うのがいいのではないかと思います。とはいえ死を考えたとき、なかなか自然体ではいられないのが人間です。それだけ意識が発達しているのだから、やむを得ません。

誰でも最初はまっさらな状態で生まれても、年齢を重ねていくなかで、ぎこちなくなっていきます。**死を目前にしているときでも泰然自若としていられるような自然体を、**自分でつくりあげる努力が必要です。

「はい、さようなら」とこの世を去るために

死に方は百人百様です。

一休禅師は、いざ最期を迎えようとしている段階で「死にとうない」とつぶやいたと

いわれます。江戸時代の禅の高僧である仙厓も、臨終の際「死にとうない」と言ったと伝えられています。

悟りの境地に達していながら、なぜそういう言葉をもらしたのか。「自分の心に素直に生きる」と捉えれば、それもひとつの到達点だとも考えられます。

「死にとうない」と言えるということは、この世の生が楽しかったということ。高僧にならって、最期の言葉として「死にとうない」を用意しておくのもひとつです。

一方で十返舎一九《じっぺんしゃいっく》の辞世の歌も強烈です。

この世をば　どりゃおいとまに　せん香の　煙とともに　灰さようなら

そろそろこの世からおいとまします、と切り出して、駄洒落を交えながら「はい、さようなら」と告げています。これほど軽妙洒脱な最期の言葉はなかなかありません。**自分にそういう死に方ができるだろうか**とも考えてしまいます。

自分の最期の場面を夢想してみるのも悪いことではないはずです。

死が近づいても恐れず、前へ進んでいく推進力をもっておくことは本当に大切です。

三橋鷹女が詠んだ「死んでゆく日も帯締めて」になぞらえて言えば、私は**「死んでゆく日も本読んで」という心構えでありたい**ものです。

知的な行為こそ人間らしい活動なので、前頭前野を使った知性ある人間として生きていき、死んでいく。それが私の目指すところです。

知性ある存在としてこの世に生まれても、遠からずこの世を去っていきます。そのときには「上出来な人生だったじゃないか」と笑って言えるようになりたいものです。

人生は長いようで短い旅です。

意義ある旅にしたうえで、いいかたちで旅を終えたい。

還暦にもなれば、10代のような望みはもたれません。芭蕉の「旅に病んで夢は枯野をかけ廻る」のように、やりたいことを追いかける旅を続けたい。ただそんなことだけが願われます。

たとえ明日終えるとしても、人生には意味がある。

これをスローガンに残りの生を生きたいと思います。

おわりに

「あなたの人生は明日で終わりになります」

もし突然目の前に現われた死に神から、そう宣告されたとしたら、あなたはどう反応しますか？

私の場合は、それほど動揺しないで受け入れられるのではないかと想像しています。それは、私が45歳のときに大きな病気を経験していることも理由のひとつです。

仕事で忙しい時期だったのに、すべての活動が止まってしまい、死に近づいた瞬間でした。運良く助かった私は、そこからあとを「余生」と考えてこれまで過ごしています。

大学の授業はもちろん、書籍の執筆、講演、そしてテレビ出演と、余生というにはハードすぎる日常ですが、**いつ終わりがきてもかまわないという感覚がどこかにある**のです。

生きていたいのはもちろんだけど、終わりを告げられたなら、それはそれで仕方がない——そんなふうに割り切れる気がしています。

あの死を覚悟した経験から15年が経ちました。すでに余生というには長すぎるくらいの時間を生きてきました。この15年間はまったく立ち止まらず、新しいこと、やりたいことを求めて前進を続けてきたつもりです。

これから先も立ち止まる気はありません。**このままずっと現在進行形の「ｉｎｇ」であり続け、そうしているうちにいつか終わりが迎えられればいい**という感覚で日々を過ごしています。

「残り時間」から逆算して自分にやれることを考える人もいるでしょう。そういう生き方も否定しません。考え方の違いでしかないからです。

ただし平均寿命から計算して、いまからあと20年、30年生きることを前提にして計画を立てていても、その途上で死が訪れることは十分あり得ます。そこで悔いを残してしまわないようにするために、私は自分の中の最優先事項から先にやるようにしています。

計画を立てすぎていると、想定していないものは排除していくことにもつながります。いまの私のスタンスは「来た球を打つ」です。来年、何をしているかは自分でもわかりません。偶然に身を任せて、結果として花を咲かせられたならいいと考えています。

たとえば私は、2014年から15年にかけて、TBSの朝の情報番組でメインMCを務めました。まったく想像していなかった展開で、「なぜ、朝に弱い典型的な夜型の自分がこんなことをしているんだろう」と、やっている最中も常に不思議でしたが、貴重な経験になりました。

何が起こるかわからないからこそ人生は楽しいのですから、偶然性を味方につけることは大切です。

若いうちは、自分が求めているものに素直に従っていくのが普通です。不要だと感じるものを削り取っていくことで、自分が純粋になれるのだとも思い込みがちです。それが年齢を重ねることで、少しずつアバウトになっていき、清濁併せ呑むおおらかさが身に付いてきます。

そうなるともはや、10代や20代の意識に戻りたいという発想はなくなります。青春時代や青年期をぼんやりと懐かしむことはあっても、その頃のように不自由な意識に戻りたくはないからです。いまの意識で10代に戻れたならいいにしても、それができないからこそ青春には良さがあるわけです。無理なことは求めず、いまの意識でいまの時間を楽しめていたなら十分です。

物事が深く広く見えるようになっているなら、成熟している証拠です。そうなれば、死生観もおのずと成熟していきます。私などは、これからどのように死と向き合っていけるようになるかと、自分で楽しみにしているくらいです。

樹木希林さんは、亡くなる半年前に行なわれたインタビューを次の言葉で締め括っていました。

「いまなら自信を持ってこう言えるわ。今日までの人生、上出来でございました。これにて、おいとまいたします」

自分でそれまでの人生を「上出来」と評したうえで「おいとまします」という軽やかな言葉で人生からの辞去を告げているわけです。

こんな素敵な幕引きをしたいものです。

還暦ともなれば、いつ死を迎えることになってもおかしくないのですから、こんな言葉を準備してもいいですね。

その心構えをできることが、すなわち死生観をもつということです。

人生も後半期に入ってくると、問われるのは自分にあった死生観です。


この「おわりに」を書いている2020年5月現在、新型コロナウイルスと人類は戦っています。私たちも、経験したことのない死の不安と先行きの不透明感を共有しています。

こうした混乱しやすい状況の中でも、日頃「死生観」を培っている人は、冷静な判断力をもって落ち着いた行動をしているのではないでしょうか。

ピンチがあってこそ、死生観は鍛えられるものです。

この稀な状況を、災難としてだけではなく、自らの死生観を養う機会としましょう。

キーワードは「泰然自若」です。

この本が形になるにあたっては、内池久貴さんとＮＨＫ出版の星野新一さんからご助力を頂きました。ありがとうございました。

２０２０年５月

齋藤 孝

本書で取り上げた作品

（複数の出版社から発行されている作品もあります。網羅はしていません）

はじめに

・ハイデガー著、熊野純彦訳『存在と時間』岩波文庫
・和辻哲郎、古川哲史校訂『葉隠』岩波文庫
・宮本武蔵著、渡辺一郎校注『五輪書』岩波文庫

第1章

・齋藤孝訳『論語』ちくま文庫
・永田生慈『歴史文化ライブラリー 91 葛飾北斎』吉川弘文館
・ヴィクトール・E・フランクル著、霜山徳爾訳『夜と霧――ドイツ強制収容所の体験記録』みすず書房
・宮本武蔵著、渡辺一郎校注『五輪書』岩波文庫

第2章

・福永光司、興膳宏訳『荘子 内篇』ちくま学芸文庫
・古川薫全訳注『吉田松陰 留魂録』講談社学術文庫

- 福永光司、興膳宏訳『荘子 外篇』ちくま学芸文庫
- 長田弘編『中井正一評論集』岩波文庫
- リチャード・ドーキンス著、日高敏隆、岸由二、羽田節子、垂水雄二訳『利己的な遺伝子 40周年記念版』紀伊國屋書店
- 瀬名秀明『パラサイト・イヴ』新潮文庫
- 瀬名秀明、太田成男『ミトコンドリアのちから』新潮文庫
- 安藤英男『一休——逸話でつづる生涯』鈴木出版
- 金谷治『老子——無知無欲のすすめ』講談社学術文庫
- 野口三千三『原初生命体としての人間——野口体操の理論』岩波現代文庫
- ハイデガー著、熊野純彦訳『存在と時間』岩波文庫
- 小此木啓吾『フロイト思想のキーワード』講談社現代新書
- N・O・ブラウン著、秋山さと子訳『エロスとタナトス』竹内書店新社
- レヴィ＝ストロース著、川田順造訳『悲しき熱帯』中公クラシックス
- 柳田国男『先祖の話』角川ソフィア文庫
- ジョーゼフ・キャンベル、ビル・モイヤーズ著、飛田茂雄訳『神話の力』ハヤカワ・ノンフィクション文庫
- 吉本隆明『ひきこもれ——ひとりの時間をもつということ』だいわ文庫
- 齋藤史、樋口覚『ひたくれなゐの人生』三輪書店
- 市原悦子『市原悦子 ことばの宝物』主婦の友社

・樹木希林『この世を生き切る醍醐味』朝日新書

第3章

・齋藤孝『声に出して読みたい新約聖書〈文語訳〉』草思社
・三浦綾子『塩狩峠』新潮文庫
・井筒俊彦訳『コーラン』岩波文庫
・中村元訳『ブッダ最後の旅――大パリニッバーナ経――』岩波文庫
・中村元訳『ブッダの真理のことば 感興のことば』岩波文庫
・源信著、石田瑞麿訳注『往生要集』岩波文庫
・梅原猛『地獄の思想――日本精神の一系譜』中公文庫
・渡辺京二『逝きし世の面影』平凡社ライブラリー
・杉本鉞子著、大岩美代訳『武士の娘』ちくま文庫
・森本達雄『ヒンドゥー教――インドの聖と俗』中公新書
・上村勝彦訳『バガヴァッド・ギーター』岩波文庫
・W・ジェイムズ著、桝田啓三郎訳『宗教的経験の諸相』岩波文庫
・ランボオ作、小林秀雄訳『地獄の季節』岩波文庫

第4章

・折口信夫『死者の書』角川ソフィア文庫
・正岡子規『病牀六尺』岩波文庫
・正岡子規『墨汁一滴』岩波文庫
・ゲーテ著、手塚富雄訳『ファウスト』中公文庫
・エッカーマン著、山下肇訳『ゲーテとの対話』岩波文庫
・宮沢賢治「グスコーブドリの伝記」『新編 風の又三郎』新潮文庫
・太宰治「散華」『決定版 太宰治全集〈7〉』筑摩書房
・加藤楸邨「蛇苺」『加藤楸邨全集〈6〉』講談社
・三橋鷹女「白骨」『三橋鷹女全集』立風書房
・深沢七郎『楢山節考』新潮文庫
・川端康成『山の音』新潮文庫
・池田彌三郎、谷川健一『柳田国男と折口信夫』同時代ライブラリー
・中西進編『大伴旅人――人と作品』祥伝社新書
・中西進『万葉の秀歌』ちくま学芸文庫
・大塚ひかり全訳『源氏物語』ちくま文庫
・佐藤一斎著、川上正光全訳注『言志四録』講談社学術文庫
・河野裕子、永田和宏『たとへば君――四十年の恋歌』文春文庫

・上田閑照編『西田幾多郎随筆集』岩波文庫
・高野文子『絶対安全剃刀――高野文子作品集』白泉社
・広島テレビ放送編『いしぶみ――広島二中一年生全滅の記録』ポプラポケット文庫
・ルドミラ・ゼーマン文／絵、松野正子訳『ギルガメシュ王さいごの旅』岩波書店
・角川書店編『ビギナーズ・クラシックス 竹取物語（全）』角川ソフィア文庫
・立川昭二『日本人の死生観』ちくま学芸文庫

第5章

・加藤周一、M・ライシュ著、R・J・リフトン、矢島翠訳『日本人の死生観』岩波新書
・夏目漱石『こころ』岩波文庫
・三島由紀夫「憂国」『花ざかりの森・憂国』新潮文庫
・ドナルド・キーン著、角地幸男訳『ドナルド・キーン自伝 増補新版』中公文庫
・三島由紀夫『天人五衰――豊饒の海〈4〉』新潮文庫
・林尹夫『わがいのち月明に燃ゆ』筑摩書房
・日本戦没学生記念会編『新版 きけ わだつみのこえ――日本戦没学生の手記』岩波文庫
・石光真人編著『ある明治人の記録――会津人柴五郎の遺書 改版』中公新書
・勝海舟著、江藤淳、松浦玲編『氷川清話』講談社学術文庫

齋藤 孝 さいとう・たかし
1960年静岡県生まれ。東京大学法学部卒業後、
同大大学院教育学研究科博士課程等を経て、
現在明治大学文学部教授。
専門は教育学、身体論、コミュニケーション論。
日本語ブームをつくった『声に出して読みたい日本語』(草思社／
毎日出版文化賞特別賞)など、ベストセラー著書が多数ある。
NHK Eテレ「にほんごであそぼ」総合指導をはじめ、
テレビ・ラジオ・講演等多方面で活躍。

NHK出版新書 626

極上の死生観
60歳からの「生きるヒント」

2020年6月10日　第1刷発行

著者 齋藤 孝
発行者 森永公紀
発行所 NHK出版
〒150-8081東京都渋谷区宇田川町41-1
電話 (0570) 002-247 (編集) (0570) 000-321 (注文)
http://www.nhk-book.co.jp (ホームページ)
振替 00110-1-49701

ブックデザイン albireo
印刷 壮光舎印刷・近代美術
製本 二葉製本

Printed in Japan ISBN978-4-14-088626-7 C0295